O Guia Completo de Tarô para Bruxas

Título do original: *The Witch's Complete Guide to Tarot*.
Copyright © 2022 Quarto Publishing Group USA Inc.
Publicado pela primeira vez em 2022 por Chartwell Books, um selo da Quarto Group,
142 West 36th Street, 4th Floor
Nova York, NY 10018, USA
Fone (212) 779-4972 Fone (212) 779-6058
www.Quarto.com

Copyright da edição brasileira © 2023 Editora Pensamento-Cultrix Ltda.

1ª edição 2023.

Todos os direitos reservados. Nenhuma parte deste livro pode ser reproduzida de qualquer forma sem permissão dos proprietários dos direitos autorais. Todas as imagens deste livro foram reproduzidas com o conhecimento e consentimento dos artistas que as criaram e nenhuma responsabilidade é aceita pelo produtor, pela editora ou pela gráfica por qualquer violação do copyright ou qualquer outra, em decorrência do conteúdo desta publicação. Todos os esforços foram feitos para garantir que os créditos correspondam às informações apresentadas. Pedimos desculpas por qualquer incorreção que pode ter ocorrido e nos comprometemos a corrigir informações inexatas ou faltantes na próxima reimpressão do livro.

A Editora Pensamento não se responsabiliza por eventuais mudanças ocorridas nos endereços convencionais ou eletrônicos citados neste livro.

Todas as imagens deste livro foram reproduzidas com o conhecimento e consentimento prévio dos artistas envolvidos, e nenhuma responsabilidade é aceita pelo produtor, editor ou impressor por qualquer violação de direitos autorais ou de outra forma, decorrente do conteúdo desta publicação. Todos os esforços foram feitos para garantir que os créditos correspondam exatamente às informações fornecidas. Pedimos desculpas por quaisquer imprecisões que possam ter ocorrido e resolveremos as informações imprecisas ou ausentes em uma reimpressão subsequente do livro.

Créditos das imagens: Shutterstock

Impresso na China

Editor: Adilson Silva Ramachandra
Gerente editorial: Roseli de S. Ferraz
Gerente de produção editorial: Indiara Faria Kayo
Editoração Eletrônica: Join Bureau
Revisão: Luciane Gomide

Dados Internacionais de Catalogação na Publicação (CIP)
(Câmara Brasileira do Livro, SP, Brasil)

Wigington, Patti
   O guia completo de tarô para bruxas: desbloqueie a sua intuição e use do tarô para fazer magia com os arcanos maiores e menores / Patti Wigington; tradução Denise de Carvalho Rocha. - São Paulo: Editora Pensamento, 2023.

   Título original: The witch's complete guide to tarot
   ISBN 978-85-315-2292-5

   1. Bruxaria 2. Esoterismo 3. Tarô - Cartas I. Título.

23-152032   CDD-133.3

Índices para catálogo sistemático:
   1. Tarô: Esoterismo 133.3
Eliane de Freitas Leite - Bibliotecária - CRB 8/8415

Direitos de tradução para o Brasil adquiridos com exclusividade pela EDITORA PENSAMENTO-CULTRIX LTDA., que se reserva a propriedade literária desta tradução.
Rua Dr. Mário Vicente, 368 - 04270-000 - São Paulo - SP - Fone: (11) 2066-9000
http://www.editorapensamento.com.br
E-mail: atendimento@editorapensamento.com.br
Foi feito o depósito legal.

O Guia Completo de Tarô para Bruxas

Desbloqueie a sua Intuição e use o Tarô
Para Fazer Magia com os Arcanos Maiores e Menores

Patti Wigington

Tradução
Denise de Carvalho Rocha

Editora
Pensamento
SÃO PAULO

SUMÁRIO

INTRODUÇÃO 6

PARTE 1
COMO INCORPORAR O TARÔ À SUA PRÁTICA 8

CAPÍTULO 1: POR QUE LER O TARÔ? 8

CAPÍTULO 2: PRINCÍPIOS BÁSICOS DO TARÔ 12
- Mitos e Equívocos

CAPÍTULO 3: UMA BREVE HISTÓRIA DO TARÔ 20
- Jogos de Salão Europeus
- O Movimento Espiritualista e a Adivinhação
- O Legado de Pamela Colman Smith

CAPÍTULO 4: A ESCOLHA DO SEU TARÔ 26
- Ritual de Meditação para Auxiliar na Escolha do Tarô
- Posso Criar Minhas Próprias Cartas?

CAPÍTULO 5: PROTEÇÃO ÀS SUAS CARTASS 32
- Como Criar sua Própria Caixa ou Saquinho para Guardar o Tarô
- Ritual Simples de Purificação das Cartas

PARTE 2
PEQUENO MANUAL DE TARÔ: SIGNIFICADO DAS CARTAS E TIRAGENS SIMPLES 40

CAPÍTULO 6: OS ARCANOS MAIORES 40
- Breve visão geral de cada carta

CAPÍTULO 7: O NAIPE DE COPAS 54
- Breve visão geral de cada carta

CAPÍTULO 8: O NAIPE DE ESPADAS 62
- Breve visão geral de cada carta

CAPÍTULO 9: O NAIPE DE PAUS 70
- Breve visão geral de cada carta

CAPÍTULO 10: O NAIPE DE OUROS 78
- Breve visão geral de cada carta

CAPÍTULO 11: TIRAGENS SIMPLES 86
- Tiragem de três cartas
- Tiragem de cinco cartas
- Tiragem de sete cartas
- Tiragem de nove cartas

PARTE 3
O TARÔ E A MAGIA: INTUIÇÃO, ADIVINHAÇÃO E FEITIÇOS 94

CAPÍTULO 12: LEITURAS INTUITIVAS 94
* Meditação com o Tarô

CAPÍTULO 13: A CRIAÇÃO DE UMA HISTÓRIA 102

CAPÍTULO 14: ASPECTOS DA SOMBRA E CARTAS INVERTIDAS 108
* Cartas Invertidas
* Ritual para trabalhar a Sombra

CAPÍTULO 15: TEMAS A INVESTIGAR 114
* Várias Cartas Similares
* Cores como Símbolos
* Animais e Outras Imagens

CAPÍTULO 16: RITUAIS E FEITIÇOS COM O TARÔ 120
* Ritual Diário para Tomar Decisões
* Feitiço de Autoproteção com o Tarô
* Ritual de Conexão com seu Guia Espiritual
* Ritual FOFA para o Crescimento Profissional com o Tarô

CAPÍTULO 17: FEITIÇOS COM OS ARCANOS MAIORES 132
* Feitiço da Sacerdotisa para a Manifestação Criativa
* Feitiço do Eremita para a Orientação
* Feitiço da Roda da Fortuna para a Superação de Obstáculos
* Feitiço da Justiça para Processos Judiciais
* Feitiço da Lua para Turbinar a sua Intuição

CAPÍTULO 18: FEITIÇOS COM CARTAS DE COPAS 138
* Ás: Feitiço da Atração Inicial
* Três: Feitiço para a Harmonia em Comunidade
* Oito: Feitiço para o Amor-próprio
* Rainha: Feitiço para um Relacionamento Harmonioso
* Rei: Feitiço para Encontrar a Residência Perfeita

CAPÍTULO 19: FEITIÇOS COM CARTA DE ESPADAS 146
* Dois: Feitiço para Proteger a sua Propriedade
* Quatro: Feitiço para Aumentar a Força Interior
* Sete: Feitiço para Silenciar um Mentiroso
* Oito: Feitiço para Lutar contra seus Medos
* Cavaleiro: Feitiço para Fortalecer a Lealdade

CAPÍTULO 20: FEITIÇOS COM CARTAS DE PAUS 152
* Ás: Feitiço para Brilhar numa Entrevista de Emprego
* Dois: Feitiço para o Sucesso nos Negócios
* Cinco: Feitiço para Limpar a Atmosfera
* Oito: Feitiço da Liderança
* Rei: Feitiço para se Comunicar com Confiança

CAPÍTULO 21: FEITIÇOS COM CARTAS DE OUROS 158
* Ás: Feitiço para a Abundância da Conta Bancária
* Três: Feitiço para a Equipe dos Sonhos
* Seis: Feitiço para a Gratidão
* Dez: Feitiço para a Prosperidade
* Rei: Feitiço para a Mentalidade Próspera

CAPÍTULO 22: UMA PALAVRA FINAL 166
REFERÊNCIAS E RECURSOS 168

Introdução

Deposite uma moeda de prata em minha mão e eu revelo o seu destino.

Quantas vezes você já viu, num filme ou série de TV, uma personagem fazendo uma leitura de tarô? Geralmente, ela tem um sotaque que lembra vagamente o Leste Europeu e é interpretada por uma atriz velha e enrugada ou por uma jovem muito sensual. Ela normalmente murmura algo como "Vejo uma longa jornada, um estranho muito atraente..." e em seguida vira a carta da Morte e as portas do inferno se abrem. Claro, isso ocorre porque, se os filmes retratassem as leituras de tarô com precisão, eles com certeza seriam muito menos dramáticos.

Ao contrário do que vemos na cultura pop, ler cartas de tarô não tem nada a ver com "ver o futuro". O tarô não é "adivinhação" no sentido clássico da palavra, embora seja certamente um método de adivinhação. O tarô é, isso sim, um instrumento de autoavaliação, uma oportunidade para obtermos informações sobre onde estivemos, onde estamos e aonde provavelmente iremos. Mas, assim como acontece com muitos outros aspectos da vida, o lugar para onde estamos indo pode mudar. Nada está gravado em pedra e, se não gostarmos do que vemos como um resultado em potencial, podemos fazer as coisas acontecerem de outra maneira simplesmente fazendo escolhas diferentes.

Passei mais da metade da vida praticando Bruxaria e lendo o tarô. Adquiri meu primeiro tarô em 1987, quando tinha 18 anos, então você pode fazer as contas. Já faz um tempinho. Embora eu não tivesse ideia de como começar, estudei com dedicação o livrinho que acompanhava o baralho, li vários outros livros sobre tarô e mergulhei nessa arte.

Para ser sincera, foi um verdadeiro desastre. A primeira leitura que fiz para mim mesma levou mais de duas horas, porque usei a tiragem da cruz celta, que é complicadíssima e provavelmente uma péssima escolha para uma novata. Passei uma eternidade procurando definições para cada carta, anotando tudo com detalhes minuciosos... e não aprendi nada. Depois de um tempo, coloquei as cartas de volta na sua linda caixinha, onde ficaram, intactas, por várias semanas.

Com o passar dos anos, descobri que eu não precisava fazer uma tiragem supercomplexa toda vez que queria fazer uma pergunta simples ao tarô. Na verdade, aprendi que, se simplesmente tirasse uma carta por dia, poderia me familiarizar com o baralho e, ao mesmo tempo, obter uma compreensão melhor de como a carta da manhã se relacionava com o que me acontecia ao longo do dia. E, então, depois de uma década ou algo assim, parei de consultar os livrinhos que acompanhavam os baralhos, à cata de significados individuais, e passei a confiar apenas em meus instintos e a ler as cartas intuitivamente.

Foi quando finalmente tive uma revelação. Descobri o segredo que nenhum dos livros me contou, ou seja: o que uma carta significa para uma pessoa não é o mesmo que ela significa para outra... porque somos todos diferentes. Meu Sete de Paus é diferente do Sete de Paus de outra pessoa. Claro, o simbolismo é basicamente o mesmo, mas o que a carta significa e a relevância que ela tem são coisas completamente únicas para cada um de nós.

Depois que aprendi a seguir meus instintos ao ler as cartas, não demorou muito para eu começar a incorporar minha prática de tarô ao meu trabalho de magia e Bruxaria. Um rápido aviso aqui: embora muitas bruxas leiam tarô, a arte da leitura do tarô não é uma atividade exclusiva das bruxas. Existem muitos tarólogos muito bons que não são bruxos. Muitos são cristãos e muitos seguem outras tradições religiosas (ou nenhuma). Ler tarô não faz de você uma bruxa. Faz de você uma leitora de tarô.

Dito isso, aprendi (por meio de muitas tentativas e erros) que, se podemos considerar o tarô um instrumento de autoavaliação e introspecção, também podemos vê-lo como um mecanismo de autodesenvolvimento e crescimento pessoal. Podemos adaptar seu simbolismo (não importa qual baralho estejamos usando) para usá-lo em feitiços, rituais e magias, de um modo que nos permita abraçar nosso eu autêntico, celebrar quem somos e quem desejamos nos tornar e aumentar nossa força pessoal e nosso poder de transformação. O tarô e todos os ícones, arquétipos e mistérios ocultos das cartas podem ser incluídos em feitiços e rituais, assim como você incluiria qualquer outro ingrediente, como cristais, ervas ou óleos.

Este livro é um pouco diferente dos livros de tarô comuns – afinal, existem incontáveis maneiras pelas quais as pessoas podem descrever o que o Cinco de Ouros significa. Embora a Parte 2 descreva os significados das cartas (porque você precisa conhecê-los), o que vamos enfocar é o modo como você pode incorporar o poder do tarô na sua prática de magia. Por meio de rituais, feitiços e outras práticas, você destravará as fechaduras de algumas portas que talvez nem tenha percebido que estavam trancadas.

Abrir essas portas às vezes pode ser desconfortável. Pode até fazer você se sentir vulnerável ou assustada. Mas, como Brené Brown diz em seu livro inovador *Daring Greatly*, só a pessoa vulnerável se permite viver com todo o coração. Só o indivíduo disposto a desnudar sua alma pode existir de forma autêntica e livre de artifícios.

E isso pode ser bem empolgante. Você está pronta para se juntar a mim nesta jornada?

Então vamos falar sobre o tarô.

PARTE 1

Como Incorporar o Tarô à sua Prática

1

Por Quê Ler o Tarô?

Não faz muito tempo, eu estava numa festa em que fui contratada para ler o tarô durante três horas, como entretenimento para os convidados. Cada leitura deveria ter no máximo dez minutos e, quando terminei de atender os primeiros quatro ou cinco convidados, vi que as pessoas estavam literalmente fazendo fila na porta da minha sala, ignorando o delicioso bufê e os jogos de tabuleiro que a anfitriã tinha preparado. Todos queriam uma leitura de tarô.

À certa altura da noite, terminei uma leitura e perguntei ao convidado se ele tinha mais perguntas. Ele tinha. Me perguntou por que eu lia o tarô. Ele não estava perguntando por que eu estava ali, naquela noite, lendo cartas - a resposta era óbvia: eu estava sendo muito bem paga para isso. Ele queria saber por que eu era taróloga.

Minha resposta foi bastante direta: porque a cartas nos ajudam a resolver coisas que de outra maneira não conseguiríamos.

A melhor analogia que posso fazer é com um daqueles livros do tipo "escolha sua própria aventura", tão apreciados quando eu era adolescente. Lembro-me de que, ao ler esses livros, sempre era preciso tomar decisões complicadas no final de cada página. Se eu quisesse abrir a porta assustadora para o corredor, eu tinha de saltar para a página 23. Mas, se eu achasse melhor sair ao ar livre e sentir o perfume das flores, deveria seguir para a página 117.

E aí, quando eu chegava à página 117, sentia o perfume das lindas flores e caía numa poça de areia movediça para nunca mais ser vista, eu decidia voltar para a página anterior e abrir a porta assustadora.

Isso é um pouco como ler o tarô. Se eu virar uma carta que diz que posso escolher entre a porta assustadora e as flores no jardim e não gostar do que está à espreita além das magnólias, bem, posso tomar decisões diferentes.

Quando lemos o tarô, temos a chance de deixar que nosso subconsciente explore nossas opções para nós. Podemos usá-lo para responder a perguntas em aberto. Os clientes às vezes me perguntam coisas como: "Quando meu namorado vai voltar comigo?" ou "Em que empresa será meu próximo emprego?" e não há uma resposta clara para algo assim. Mas se perguntarem: "O que precisa acontecer para eu salvar o meu relacionamento?" ou "Como posso ter satisfação profissional?", a história será bem diferente.

Embora os tarólogos não sejam terapeutas, eles geralmente ajudam os clientes a falar sobre uma situação de modo mais objetivo. Eu sempre disse que as cartas não costumam causar surpresas. Elas, na verdade, confirmam o que você já sabia e talvez não quisesse aceitar ou entender. Se reservarmos um tempo para examinar o que as cartas estão nos dizendo e como elas se aplicam ao indivíduo que faz as perguntas, podemos nos orientar em muitas incertezas da vida e tomar decisões mais apropriadas.

Aprendi que, ao fazer perguntas às cartas e avaliar atentamente o que elas revelam, posso obter informações sobre as influências do passado, minha situação atual e como as coisas provavelmente serão se eu continuar na minha trajetória atual. Abro a porta assustadora ou saio para o jardim florido?

Antes de prosseguirmos, um aviso rápido: se você estiver enfrentando problemas físicos ou psicológicos, procure atendimento profissional. Embora o tarô possa ser um instrumento útil na sua vida, ele não substitui os serviços de um profissional de saúde qualificado e treinado. Não tenha vergonha de pedir ajuda; procure assistência adequada se e quando precisar. Suas cartas de tarô ainda estarão esperando por você quando estiver pronta para fazer uma leitura.

2
Princípios Básicos do Tarô

Antes de nos aprofundarmos na leitura das cartas de tarô, vamos examinar alguns princípios básicos. Se já leu o tarô antes, muito do que eu disser aqui você provavelmente já sabe, mas pense neste capítulo como uma recapitulação. Por outro lado, se você é nova no mundo do tarô, este é um resumo muito simples de como as cartas funcionam e o que você pode aprender com elas. No final deste livro, na seção de Recursos, você encontrará uma lista abrangente que inclui muitos dos meus livros favoritos de tarô. Adicione alguns deles à sua lista de leitura para aprender tudo sobre as nuances mais sutis desse método de adivinhação tão vivo e emocionante.

Para você que não está familiarizada com as várias formas de adivinhação (não apenas o tarô, mas todo o resto, como o trabalho com o pêndulo, a Astrologia, a escriação e assim por diante), a leitura das cartas pode ter uma aura de mistério. Tudo parece muito etéreo

e místico, não é verdade? No entanto, você não precisa ser uma grande e poderosa médium para trabalhar com as cartas do tarô. Com alguma prática e paciência, você também pode aprender a ler as cartas. Eu sempre digo às pessoas que, embora o tarô não seja para todos, pode ser para qualquer um.

O baralho de tarô inclui um total de 78 cartas. As primeiras 22, conhecidas como Arcanos Maiores, são cartas com significados extremamente simbólicos que se concentram em vários aspectos da nossa vida. Elas representam, principalmente, nossa jornada espiritual, a mente intuitiva e os muitos domínios da mudança contínua. Essas cartas são numeradas, começando

pelo Louco (0), que representa alguém nos estágios iniciais do seu desenvolvimento, e terminando com o Mundo (21), que está associada à conclusão. Entraremos em mais detalhes sobre as especificidades de cada carta na Parte 2.

Além dos Arcanos Maiores, o tarô possui 56 cartas compostas pelos quatro naipes: Copas, Espadas, Paus e Ouros (também chamado de Pentáculos ou Moedas). As cartas de Copas representam nossas relações interpessoais e vários aspectos das nossas emoções. Conflito, desafios e até questões morais podem aparecer no naipe de Espadas. As cartas de Paus simbolizam coisas como comunicação, empregos e questões profissionais, nossa educação escolar e atividades futuras. Por fim, as cartas de Ouros focam os aspectos materiais da vida, como dinheiro, segurança e estabilidade.

Normalmente, o leitor vira as cartas formando um padrão predeterminado que chamamos de "tiragem", na qual cada posição representa uma faceta específica da leitura como um todo. Por exemplo, a primeira carta pode representar o passado, enquanto a última pode indicar o futuro. Uma carta no centro pode estar associada à situação atual, enquanto todas as cartas ao seu redor mostram que tipo de coisa ou pessoa tem mais influência sobre o assunto em questão. O número de tiragens que você tem à sua disposição é ilimitado e muitos leitores criam as próprias tiragens. No Capítulo 12, apresento algumas tiragens simples, mas eficazes, que você pode usar para diferentes propósitos. Se você sentir que não se identifica com elas, tudo bem. Você pode tentar criar outra que seja tão única quanto você!

Além de usar o tarô como método de adivinhação, muitos praticantes de magia usam as cartas como instrumentos ou ingredientes em feitiços e rituais. Abordaremos isso na Parte 3, na qual você aprenderá por que e como incorporar o tarô à magia. Mas, para tirar o máximo proveito desse tipo de prática, é importante entender (e possivelmente esquecer) algumas das coisas que você já deve ter ouvido ou lido sobre o tarô.

Mitos e equívocos

Já mencionei que as cartas do tarô não preveem o futuro, elas simplesmente nos ajudam a avaliar o que pode estar à nossa espreita na próxima curva da vida. No entanto, ainda existe a ideia de que o tarô é uma prática ocultista misteriosa que só bruxas muito poderosas entendem, e isso simplesmente não é verdade. Vamos acabar com alguns dos mitos e equívocos mais disseminados sobre o tarô. Estou prestes a abalar algumas crenças aqui, portanto aperte o cinto.

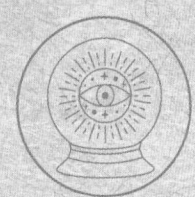

MITO: *Você tem que ser bruxa, ou pelo menos vidente, para saber ler o tarô.*
FATO: Uma das melhores coisas sobre o tarô é que qualquer pessoa disposta a estudar e praticar pode ler as cartas. Muitos tarólogos de grande sucesso não são bruxos nem se consideram médiuns; no entanto, provavelmente diriam que o que os torna tão bons no que fazem é o fato de terem aprendido a confiar na intuição.

Todo mundo tem algum grau de intuição; o problema é que a maioria das pessoas ouve a vida inteira que não se deve dar ouvidos a essa nossa vozinha interior silenciosa. Quantas vezes você sentiu que algo era verdade - você simplesmente sabia -, mas não seguiu seus instintos porque se deixou convencer (ou alguém a convenceu) de que era tudo coisa da sua cabeça? Sim, na verdade, era aquela voz interior em ação. Se você estiver disposta a aprender algo novo, seguir sua intuição e desenvolver suas habilidades, a leitura de tarô pode ser para você - seja você uma bruxa ou não. E quem sabe, depois de começar a usar as cartas de tarô na magia, você possa até decidir estudar a própria Bruxaria num nível mais profundo.

MITO: *Ler tarô pode ser perigoso/pecado/coisa do demônio.*
FATO: Em algumas religiões, qualquer forma de adivinhação é vista com desaprovação. Não estou aqui para dizer a ninguém se sua crença religiosa está certa ou errada. Mas o que posso e vou dizer é o seguinte: o tarô é uma coleção de símbolos e arquétipos. Dizer que essas imagens são "perigosas" é uma tolice tão grande quanto dizer que uma gota de tinta num teste de

Rorschach é algo demoníaco porque alguém olhou para aquele borrão de tinta e viu algo que o deixou horrorizado (não importa o fato de outra pessoa ter visto gatinhos ou coelhinhos fofos no mesmo borrão).

Essas imagens e arquétipos representam os muitos aspectos da existência humana, tanto no plano material quanto no espiritual. Para algumas pessoas, isso é assustador porque nem sempre queremos reconhecer a verdade ou a realidade da nossa situação. Isso não torna o tarô perigoso; apenas o torna assustador porque, como seres humanos, às vezes não gostamos das coisas que não entendemos.

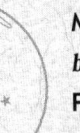

MITO: *Você nunca deve comprar suas próprias cartas de tarô; use apenas baralhos que ganhou de presente.*

FATO: Ninguém sabe exatamente onde essa lenda começou, mas a maioria dos tarólogos dirá que obviamente ela não tem nenhum fundamento. Tenho dezenas de tarôs que comprei porque eles me atraíram, ou porque achei as imagens bonitas, ou porque havia algo neles que simplesmente me agradou. Se eu esperasse que alguém me desse um baralho de presente, nunca teria começado a ler tarô.

Na realidade, é melhor que você escolha o seu próprio baralho. Essa pode ser a diferença entre ler um tarô que você adora e ler um de que nem gosta tanto, mas usa só porque ganhou de presente. Você deixa que outras pessoas decidam o que você gosta e o que faz sentido para você em outros aspectos da sua vida? Escolha suas próprias cartas e divirta-se! No Capítulo 4 falaremos mais sobre como selecionar um tarô que realmente tenha significado para você e daremos algumas dicas sobre como fazer o seu próprio baralho se estiver se sentindo supermotivada para isso!

MITO: *Cartas invertidas significam o contrário, portanto são negativas.*

FATO: Este é um equívoco muito comum e, francamente, não posso culpar ninguém por pensar assim. Muitos manuais de tarô atribuem conceitos como desespero, tragédia ou engano a cartas invertidas.

Na maior parte da vida, quando vemos algo de cabeça para baixo, interpretamos como sendo o oposto do que seria na posição normal. Mas, com o tarô, isso é um pouco diferente.

Pense nas cartas do tarô e nos seus significados como se fossem um espectro. Algumas significam dias de sol e alegria, outras significam catástrofe e tristeza, mas há toda uma gama de variações entre esses dois extremos. Cada carta tem várias interpretações possíveis, dependendo da situação. Se considerarmos que esse espectro varia da sombra para a luz, então talvez aquela carta invertida possa indicar que você precise considerar os aspectos mais sombrios dos significados. Falaremos mais sobre o trabalho com a Sombra na Parte 3.

MITO: *Você nunca deve ler as cartas de tarô para si mesma.*

FATO: Quando meu carro quebra, eu o levo ao mecânico. Quando o carro do meu mecânico quebra, ele mesmo conserta. Por quê? Porque ele sabe! Ele tem as habilidades, o *know-how*, as ferramentas e a experiência necessárias. Ele não vai levá-lo a outro mecânico. Não há nenhuma regra dizendo que mecânicos não devem consertar os próprios carros. Do mesmo modo, não há nenhum problema em ler as próprias cartas quando você precisa de orientação.

Existe um mito de que ler as próprias cartas traz um grande infortúnio, e isso é simplesmente mentira. Porém, há de fato momentos em que provavelmente é melhor pedir a ajuda de outra pessoa. Se você estiver lendo as cartas para si mesma e sentir que não consegue ser objetiva (talvez continue virando as cartas até obter a resposta que deseja), então é hora de pedir ajuda a um amigo de confiança ou a um profissional ético. Mas e quando se trata de resolver problemas de rotina ou questões em que consegue ser justa e imparcial consigo mesma? Vá em frente e leia as cartas!

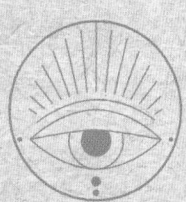

MITO: *As cartas de tarô nunca erram.*

FATO: Nosso futuro depende de muito fatores. Os resultados possíveis são sempre mutáveis e podem ser afetados pelas decisões e escolhas que fazemos. Embora as cartas possam pintar uma imagem de um futuro de que você não goste, saiba que nada está gravado em pedra. As respostas das cartas se baseiam em como as coisas estão na nossa vida no aqui e agora. Quer um resultado diferente? Faça uma escolha diferente. Vire à esquerda ao invés de virar à direita. Fique ao invés de ir. Fale em vez de ficar calada. Você mudará o seu destino e as cartas o guiarão nessa jornada.

3
Uma Breve História do Tarô

Embora a adivinhação em suas muitas formas tenha sido documentada desde os primórdios da história registrada da humanidade, em comparação, o uso das cartas de tarô é relativamente novo. Na verdade, apenas alguns séculos atrás, elas eram só um jogo divertido, apreciado por italianos ricos e aristocratas franceses. Vamos contar um pouco dessa história e ver como e por que esse entretenimento leve, praticado após o jantar, se transformou num instrumento mágico, repleto de simbolismo e imagens divinatórias.

Jogos de salão europeus

No final do século XIV, famílias europeias abastadas descobriram os jogos de cartas, e um dos mais populares chamava-se "tarocchini" ou "tarocchi", na Itália, e "jeu de tarot", na França. Esse jogo era um grande sucesso nas festas (mais ou menos como nossos avós se reunindo para uma noite de bridge) e variações foram surgindo ao longo do período. Um dos jogos, semelhante a uma rodada de uíste, consistia em trapacear os outros jogadores e, em outra versão, os jogadores recebiam cartas aleatórias com as quais deveriam compor poemas com base nas imagens. Vencia o jogo quem fizesse a poesia considerada melhor. Como você pode imaginar, era um entretenimento muito bom para animar o ambiente, quando se estava sentado ouvindo uma orquestra tocar ou esperando o início de um duelo. A maioria desses primeiros baralhos continha apenas cartas numéricas, sem cavaleiros, rainhas ou reis.

No entanto, tudo isso mudou graças a pessoas como Filippo Visconti, o duque de Milão, que achou que, se jogar cartas com números era divertido, poderia ser muito mais emocionante se as cartas tivessem fotos da sua família. Visconti e seu genro, Francesco Sforza, convidaram o artista Bonifacio Bembo para pintar retratos de vários membros da família, criando uma série de cartas da corte para adicionar às numéricas. A esposa de Sforza, Bianca Maria Visconti, tornou-se a Papisa, que foi representada num trono de ouro, segurando um cajado adornado com uma cruz. Os outros membros da família Visconti foram retratados como figuras variadas nas cartas pintadas à mão, e vários baralhos foram criados para os Visconti. Coleções parciais desses baralhos ainda podem ser vistas em museus nos dias de hoje.

Em pouco tempo, a tendência virou febre e todos os amigos de classe alta dos Visconti-Sforzas também queriam seus próprios baralhos com cartas personalizadas. Como a imprensa ainda não havia decolado, cartas personalizadas com retratos de família eram uma novidade que apenas os muito ricos podiam pagar; afinal, eles basicamente tinham que contratar alguém para pintar dezenas de retratos minúsculos.

No século XV, um ourives alemão chamado Johannes Gutenberg inventou uma maneira de automatizar o processo de impressão. Embora ele não tenha sido o primeiro a usar a impressão em xilogravura (que foi inventada na China pelo menos seis séculos antes) ou a prensa com tipos móveis (que as casas de apostas coreanas já usavam), a nova impressora de Gutenberg permitia uma produção em série mecanizada, criando, assim, uma maneira rápida, eficiente e barata de imprimir livros, folhetos e panfletos. As cartas de baralho evidentemente acompanharam esse avanço e, em pouco tempo, até mesmo famílias de orçamento limitado podiam ter

um baralho em casa para jogar *jeu de tarot* à luz de velas, após o jantar. De repente, os jogos de cartas se tornaram um passatempo para todos, não apenas para os ricos. Claro, as pessoas também encontraram outras maneiras de se divertir com cartas e estima-se que o uso de cartas de baralho para adivinhação tenha começado a se estabelecer por volta do final do século XVI e início do século XVII.

Em torno de um século depois, as pessoas já estavam começando a atribuir significados específicos a cartas que antes compunham simples jogos de azar e passaram até mesmo a criar métodos precisos nos quais as cartas poderiam ser dispostas para adivinhação. No final do século XVIII, Antoine Court de Gébelin, um maçom francês e ex-ministro protestante, publicou um livro no qual afirmava que o tarô tinha significados secretos baseados em antigas práticas esotéricas originárias do Egito. Os impressores aproveitaram a deixa e os baralhos de tarô logo começaram a ser publicados com imagens de cartas da corte contendo um simbolismo baseado na análise de Gébelin, apesar de não haver nenhuma evidência histórica real para apoiar as afirmações desse autor.

Alguns anos depois, o ocultista francês Jean-Baptiste Alliette lançou um tratado de sua autoria, explicando como as pessoas poderiam usar o tarô para fazer adivinhações profundas. Em 1791, ele publicou o primeiro baralho de tarô projetado especificamente para fins divinatórios.

O movimento espiritualista e a adivinhação

O interesse em adivinhação, misticismo e ocultismo continuou a crescer e, na era vitoriana, a leitura do tarô, as sessões espíritas e o espiritualismo eram passatempos populares nas entediadas famílias de classe alta. Começando por volta de 1850, o movimento espiritualista tornou-se uma tendência na Inglaterra e nos Estados Unidos, e tópicos como mesmerismo, leitura da mente e clarividência passaram a ser assuntos discutidos ao redor da mesa de jantar.

Esse movimento fez surgir um grande número de pessoas que alegavam ser médiuns que podiam falar com os mortos e ganhando muito dinheiro com isso. Quando se espalhou a notícia de que a rainha Vitória e o marido, o príncipe Albert, haviam participado de sessões espíritas, toda uma subcultura floresceu, apresentando médiuns, pesquisadores paranormais, clubes de caça a fantasmas, escrita automática, boletins espiritualistas e muito mais. A adivinhação, naturalmente, numa grande variedade de formas, também viu um aumento na sua popularidade.

À medida que o espiritismo varria a Inglaterra do século XIX, numerosas sociedades ocultas começaram a emergir das sombras, incluindo a Ordem Hermética da Aurora Dourada, a Golden Dawn, que fundou seu primeiro templo em Londres no final da década de 1880. Os primeiros membros incluíam o famoso ocultista Aleister Crowley, o poeta e dramaturgo irlandês William Butler Yeats e o autor esotérico Arthur Edward Waite. Em 1909, Waite encomendou o baralho que desde então se tornou o padrão-ouro: o Rider Waite Smith.

O legado de Pamela Colman Smith

Quando Arthur Waite visitou o Museu Britânico e viu imagens de um baralho completo de tarô conhecido como "Sola Busca", ele logo se sentiu inspirado. Surgido pela primeira vez em 1490, o Sola Busca é o primeiro baralho de tarô completo que existe hoje e o único conhecido por incluir ilustrações em todas as cartas numéricas, em vez de apenas pontos numerados. Waite decidiu criar o próprio baralho, profundamente influenciado pelo simbolismo cabalístico, mas ele não era um artista. É aí que entra Pamela Colman Smith.

Pamela, conhecida pelos amigos como Pixie, era uma artista londrina que passara a infância viajando entre Manchester e a Jamaica com os pais. Escritos de seus contemporâneos, bem como suas próprias obras de arte e correspondências particulares, sugerem que ela provavelmente tivesse ascendência tanto africana quanto europeia e travara vários relacionamentos românticos com mulheres. Ela tinha espírito livre e um estilo de vida boêmio, viajava pelo mundo e vivia cercada de arte e artistas.

Além de escrever seus próprios livros, entre eles uma coleção ilustrada de contos folclóricos jamaicanos, Pamela tinha ilustrado várias obras de outros autores, como Bram Stoker e Yeats. Em 1901, ela se tornou membro da Golden Dawn e, quando o grupo se desfez, Waite a abordou com sua ideia de tarô. Ela usou as imagens do Sola Busca como inspiração e foi a primeira artista contemporânea a usar personagens como imagens representativas nas cartas dos Arcanos Menores. Em vez de mostrar apenas um conjunto de taças, moedas, paus ou espadas, Pamela incorporou figuras humanas à sua obra de arte e o resultado é o baralho icônico que todo tarólogo conhece hoje. Ele foi vendido por seis xelins quando lançado.

Pamela não recebeu *royalties* pela venda do baralho e morreu sem um centavo na Cornualha em 1951, mas seu trabalho foi reimpresso milhões de vezes. Embora as ilustrações possam parecer simples na superfície, sua complexidade enganosa torna o baralho Rider Waite Smith um instrumento valioso para leitores de tarô intuitivos. Muitos de nós temos uma grande dívida com Pamela Colman Smith por nos proporcionar uma coleção de 78 pinturas que mergulham profundamente em nossa mente e nosso coração.

4
A Escolha do seu Tarô

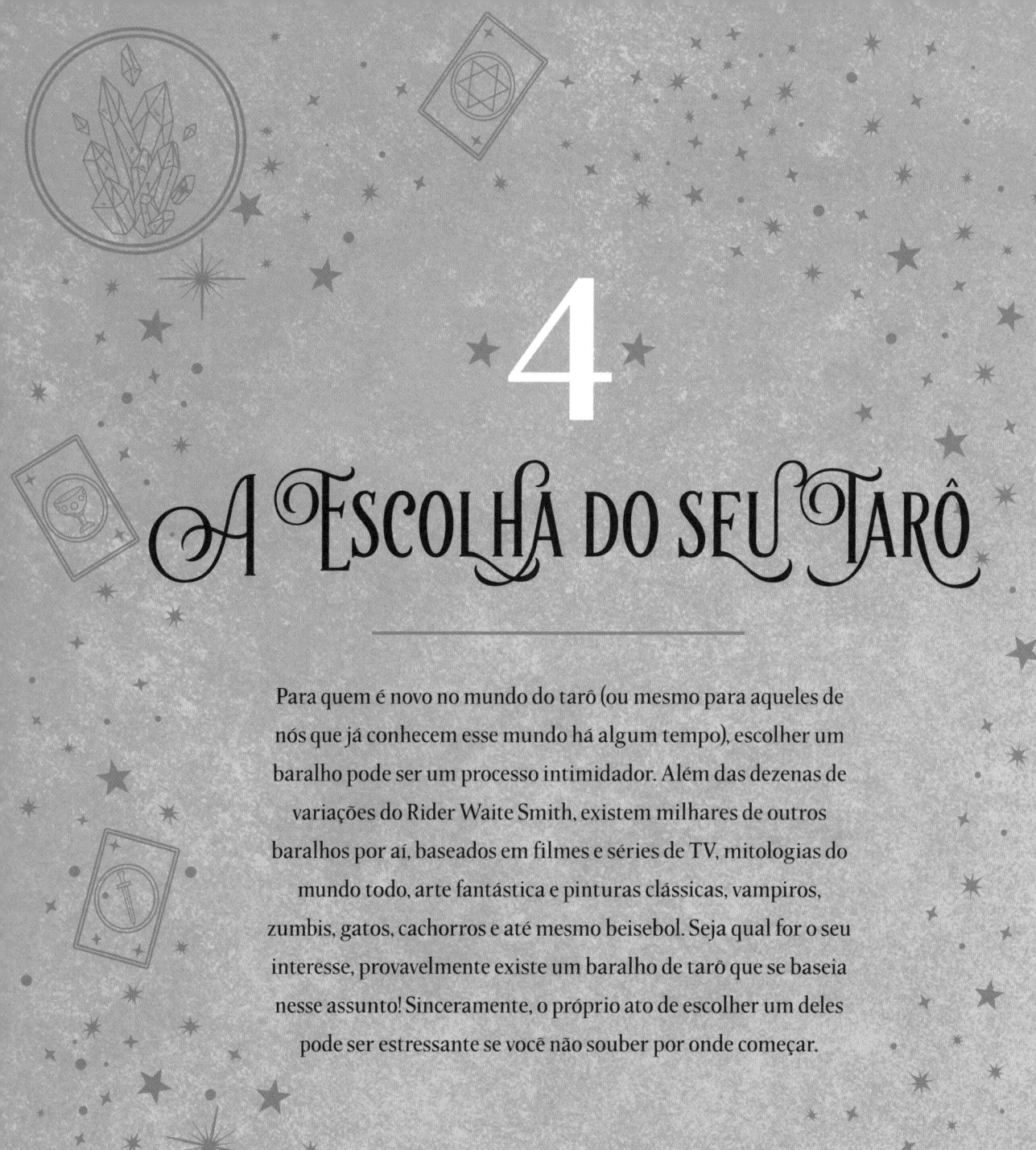

Para quem é novo no mundo do tarô (ou mesmo para aqueles de nós que já conhecem esse mundo há algum tempo), escolher um baralho pode ser um processo intimidador. Além das dezenas de variações do Rider Waite Smith, existem milhares de outros baralhos por aí, baseados em filmes e séries de TV, mitologias do mundo todo, arte fantástica e pinturas clássicas, vampiros, zumbis, gatos, cachorros e até mesmo beisebol. Seja qual for o seu interesse, provavelmente existe um baralho de tarô que se baseia nesse assunto! Sinceramente, o próprio ato de escolher um deles pode ser estressante se você não souber por onde começar.

Muitas pessoas optam por começar suas leituras de tarô com uma versão do Rider Waite Smith. Ele é o mais usado para ilustrar livros sobre como ler o tarô, por isso, se você é alguém que precisa dessa conexão visual, faz todo sentido escolher esse baralho. Por esse motivo, não é uma má escolha para iniciantes. Por outro lado, se você simplesmente não sente nenhuma afinidade com as ilustrações dos baralhos baseados no Rider Waite Smith, terá que procurar um pouco mais. Muitos leitores de tarô dizem que escolheram um baralho que "falou com eles" ou "simplesmente pareceu o certo". Mas como você chega ao ponto em que um baralho "fala com você" ou a faz sentir alguma coisa?

O primeiro passo é conhecer uma boa variedade de tarôs. Se você tem amigos que também se interessam pelo tarô, pergunte a eles que baralhos preferem. E não se esqueça de perguntar por que eles gostam deles. Além disso, você pode visitar uma loja esotérica da sua região para ver quais opções estão disponíveis. E certamente poderá ir a uma grande rede de livrarias, mas saiba que as livrarias menores muitas vezes têm cartas soltas para servir de mostruário. Às vezes, os editores enviam amostras de cartas para fins de divulgação, de modo que os clientes possam ver o que há dentro da caixa. Embora você provavelmente não consiga ver todas as cartas do baralho, poderá ver o suficiente para decidir se gosta dele ou não.

É importante observar que existem muitas cartas no mercado criadas para fins divinatórios, mas que não são baralhos de tarô autênticos. Você verá que alguns são apresentados como oráculos, cartas de sabedoria, cartas de afirmação ou alguma variação disso. Embora sejam ótimos instrumentos para usar na adivinhação, eles não são baralhos de tarô. Certifique-se de comprar um conjunto com as 78 cartas tradicionais.

Ao examinar os vários tarôs, preste atenção se algum deles se destacou mais do que os demais. Algum baralho Art Deco por acaso lhe pareceu esteticamente atraente? Você simplesmente se apaixonou pelo tarô Golden Girls, porque ele a faz se lembrar de todas aquelas noites que você passou assistindo séries com sua avó antes de ela falecer? Talvez você adore um dos muitos baralhos de tarô com imagens de cães ou gatos, porque o resgate de animais abandonados é sua paixão.

Olhe e manuseie o máximo de baralhos que puder – e não se contente com um tarô com o qual não se sinta conectada. Quando o baralho certo aparecer, você saberá.

Posso criar minhas próprias cartas?

Se você é uma pessoa talentosa e criativa e gostaria de fazer suas próprias cartas de tarô, ótimo! Nenhuma regra diz que você só pode usar os tarôs comprados em lojas. Todos os baralhos começaram na imaginação de alguém, então por que não na sua? Fazer seu próprio baralho é uma ótima maneira de expressar seus interesses de forma criativa, ao mesmo tempo que atende às suas necessidades espirituais. Em muitas tradições de Bruxaria, qualquer ato de criação é um processo mágico por si só, por isso, se você estiver disposta a investir tempo, energia e esforço nisso, não há nada que a impeça!

Existem várias maneiras diferentes de criar um tarô e você deve escolher a que funciona melhor para você. Em primeiro lugar, procure na internet uma empresa que venda um baralho de cartas em branco e compre um baralho de 78 cartas sem impressão, do tamanho que quiser. Você pode criar qualquer arte que desejar nelas. Outra opção (e certamente a mais acessível) é usar cartolina e recortá-la você mesma. Não existe um método melhor do que os outros; faça o que funciona melhor para você, levando em conta suas habilidades e seus recursos.

Você sabe desenhar ou pintar? Cria arte digital com seu tablet ou notebook? Talvez você seja uma artista digital. Algumas pessoas fazem o próprio baralho de tarô com imagens que encontram na internet. Mas lembre-se de que essas imagens geralmente são protegidas por direitos autorais, por isso só podem ser impressas para uso pessoal e seria ilegal reproduzi-las para uso comercial. Se você não tem certeza se uma imagem pode ser reproduzida para uso pessoal, verifique com o criador. Muitos artistas talentosos criaram imagens para serem usadas como cartas de tarô e as disponibilizaram gratuitamente para qualquer pessoa que queira usá-las em projetos pessoais.

Passe algum tempo refletindo sobre os diferentes tipos de simbolismo que deseja incorporar ao seu baralho. Talvez você trabalhe com carros e queira usar chaves inglesas como símbolos do naipe de Paus e porcas como símbolos do naipe de Ouros. Se a sua paixão é cozinhar, pense em usar panelas ou frigideiras para o naipe de Copas e facas para as cartas de Espadas. Talvez você queira criar um baralho baseado em seu filme ou série de TV favorita, nas plantas do seu jardim ou nos desenhos que os seus filhos fazem na escola. O céu é o limite quando você está criando seu próprio tarô.

Seja qual for o seu método, não tenha pressa para criar um baralho personalizado que atenda às suas próprias necessidades e seus desejos, pois ele será tão único quanto você.

Ritual de meditação para auxiliar na escolha do tarô

Você pode realizar este ritual simples de meditação antes de sair para comprar o seu tarô. Quando se prepara intuitivamente com antecedência, você se sente muito mais bem preparada para identificar qual baralho de tarô combina mais com você e se adapta ao seu estilo, e dar a ele um lar para sempre.

Encontre um lugar onde possa ficar sozinha e não sofra interrupções. Se quiser acender seu incenso favorito ou uma vela, vá em frente! Coloque uma música ambiente se quiser ou alguns sons da natureza ao fundo. Se puder fazer esse ritual ao ar livre, melhor ainda!

Sente-se em silêncio e feche os olhos. Respire fundo e com lentidão, inspirando e expirando. Procure ficar mais consciente do ambiente à sua volta. Que aromas você sente no ar? Que sons ouve à distância? Qual é a sensação do piso (ou do chão, se estiver ao ar livre)? Mergulhe completamente em seu ambiente, continuando atenta à sua respiração.

Visualize-se caminhando por um ambiente natural – o que mais a atrai? Você está na floresta? No topo de uma montanha varrida pelo vento? Talvez esteja caminhando por uma praia. Imagine-se andando tranquilamente, em silêncio, por um caminho com muitas curvas e declives, que cruza colinas e vales, e, embora não consiga ver com precisão o que está à frente, sabe que não há nenhum perigo. Você está calma e em paz enquanto faz a sua jornada.

À sua frente, a distância, visualize uma luz suave e brilhante. Ao se aproximar, você percebe que a luz é acolhedora, cheia de energia positiva e inspiradora. Continue caminhando em direção a ela, sabendo que nada representa uma ameaça. Quando você alcançar a luz, olhe profundamente dentro dela para descobrir de onde ela vem.

No centro da luz, você verá um baralho de cartas. Ele pode ter uma aparência vaga ou muito específica. Talvez as imagens das cartas sejam apenas um borrão para você, tudo bem. Estenda a mão e toque as cartas. Pegue-as, explorando sua vibração e energia. Como elas fazem você se sentir ao segurá-las nas mãos? Leve o tempo que for preciso para se lembrar da sensação das cartas – não apenas dos seus atributos físicos, mas da maneira como você reage a elas intuitiva, espiritual e emocionalmente.

Quando estiver pronta, devolva as cartas ao seu lugar, dentro da luz brilhante, e comece sua jornada de volta. Visualize-se caminhando outra vez até o ponto de partida, lembrando-se sempre da sensação das cartas nas mãos. Depois que você voltar para o lugar onde começou, reserve alguns instantes para respirar e, aos poucos, volte à consciência do ambiente ao seu redor.

Quando estiver pronta, saia de casa e procure as cartas em sua loja ou livraria favorita. Toque-as, manuseie-as, sinta-as com a ponta dos dedos e, quando encontrar o baralho que corresponda à sensação daquele que você viu em sua jornada de visualização, saberá que é o baralho certo para você.

5
Proteção às suas Cartas

Depois de toda essa busca, você finalmente encontrou seu tarô! Parabéns! Agora que já está de posse das suas cartas, é uma boa ideia protegê-las quando não estiverem em uso. Com algumas técnicas básicas de proteção, você pode manter suas cartas protegidas tanto de danos físicos quanto da energia negativa. Pense na possibilidade de consagrar seu baralho num ritual e, em seguida, guardá-lo numa pequena caixa ou bolsinha, ou até mesmo embrulhá-lo num lenço. O ideal é que você não deixe suas cartas de tarô espalhadas por aí, em qualquer lugar. Você não precisa necessariamente deixá-las embrulhadas em seda e guardadas em algum lugar sagrado, mas muitas pessoas acham que isso pode ajudá-las a desenvolver uma ligação mais forte com as suas cartas. Trate seu baralho de tarô como o instrumento sagrado e mágico que ele é e você descobrirá que pode ter um relacionamento muito especial com as suas cartas.

Quando adquirir um novo baralho, passe algum tempo "conhecendo as cartas" antes de usá-las pela primeira vez. Algumas pessoas gostam de colocá-las debaixo do travesseiro por algumas noites para que fiquem impregnadas com a sua energia pessoal, mas você não precisa fazer isso se não quiser. Afinal, dormir com um monte de cartas embaixo do travesseiro pode ser bem desconfortável. Em vez disso, você pode levar suas cartas com você enquanto realiza suas tarefas diárias, deixá-las no seu altar mágico ou até mesmo guardá-las com um cristal de quartzo que tenha absorvido a sua energia pessoal.

Muitos tarólogos nunca permitem que alguém toque em seus baralhos, porque as cartas tendem a captar as vibrações de pessoas e ambientes. Imagine se você recebesse em sua casa um amigo que estivesse triste e mal-humorado e ele manuseasse as suas cartas. Como seu baralho ficaria depois disso? Se já faz um tempo que você pegou o seu baralho pela última vez ou se as cartas foram manuseadas por uma pessoa cuja presença a incomodou, reconsagre-as num ritual ou carregue-as com você por um tempo até que elas pareçam estar com "uma energia boa" novamente.

Como criar sua própria caixa ou saquinho para guardar o tarô

Embora você certamente possa manter suas cartas na embalagem original (principalmente se gosta das ilustrações), também pode confeccionar uma caixa ou saquinho para guardar cada o seu baralho. O ato mágico de criação pode ajudá-la a se sentir mais conectada com a energia das suas cartas. Você pode costurar um saquinho simples ou decorar uma caixa que provavelmente já tem em casa.

Para fazer um saquinho básico fechado com cordões, você vai precisar de um corte de tecido de cerca de 35 cm por 15 cm, bem como de dois pedaços de cordão de 30 cm e duas contas com orifícios grandes o bastante para passar os cordões. Este é um projeto simples de executar numa máquina de costura, mas, se você não tiver uma, não se preocupe. Também é uma costura fácil de fazer com agulha e linha.

Antes de cortar o tecido, dobre-o ao meio e coloque o seu tarô sobre ele para ter certe-

za de que tem material suficiente (você não vai querer costurar o saquinho só para descobrir que ele é pequeno demais!). Nas extremidades menores do tecido (de 15 cm), faça uma dobra de cerca de 2,5 cm com um ferro de passar, virando o tecido para o lado do avesso. Costure essa borda deixando um vão livre de cerca de 2 cm, para passar os cordões.

Agora, junte as duas extremidades e alinhe as bordas que acabou de costurar. Costure as duas laterais pelo avesso, desde o fundo do saquinho até a boca, sem passar a máquina pela borda que deixou para passar os cordões, na parte superior. Agora vire o saquinho, deixando à mostra o lado direito do tecido.

Com um alfinete de segurança, passe os cordões pelo interior da borda, começando de um lado e dando toda a volta até terminar onde começou. Faça isso com os dois cordões, começando pelos lados opostos do saquinho, de modo que eles se cruzem. Enfie uma conta nas duas pontas de cada um dos cordões e faça um nó de cada lado. Quando puxar as contas, o saquinho se fechará com facilidade.

Se você sabe fazer tricô ou crochê, pode confeccionar o próprio saquinho com linha e seus pontos favoritos. Um saquinho para guardar o tarô costuma medir cerca de 15 a 20 cm de altura e 10 a 15 com de largura. Seja qual for o tamanho que você escolher, certifique-se de que o seu baralho caberá dentro dele. Se ele for muito grande, as cartas vão ficar deslizando dentro dele e podem amassar ou danificar; se for muito pequeno, você terá que forçar as cartas para que elas entrem no saquinho.

Algumas pessoas não têm habilidade com máquinas de costura nem com agulhas e, se for esse o seu caso, tudo bem! Embrulhe suas cartas num simples quadrado de tecido, puxando bem as pontas e fechando-o com uma fita ou outro pedaço de tecido. Você pode usar uma bandana ou echarpe para isso e, a menos que você queira, não precisa ser uma peça de seda.

Se preferir algo um pouco mais sólido e seguro, decore uma caixa simples e use-a para proteger as cartas. Comece arranjando uma caixa simples de madeira, estanho ou qualquer outro material do seu agrado. Aqui estão algumas maneiras de personalizá-la e torná-la única e magicamente sua:

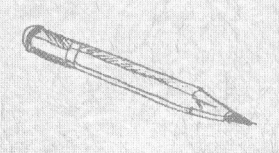

Lixe uma caixa de madeira, faça nela um desenho a lápis e depois grave o desenho na madeira com um pirógrafo, para tornar a imagem permanente. Assim que acabar, sele a madeira com uma fina camada de verniz para protegê-la.

Recorte fotos de obras de arte do seu agrado ou compre papéis estampados próprios para a técnica de decupagem e cole-os na parte externa da caixa.

Encontre uma caixa com um porta-retratos na tampa e use-o para exibir uma cópia de uma das cartas do seu baralho, a imagem do deus ou deusa da sua tradição, de um ancestral com que você possa estar trabalhando ou qualquer outro tipo de imagem que tenha significado para você.

Cubra uma caixa com uma camada de tinta acrílica e depois decore-a com sigilos e símbolos mágicos.

Por fim, não se esqueça de que uma das características de uma boa bruxa é a capacidade de fazer magia com o que tem à mão. Se você não tiver tecido, material de costura ou uma caixa vazia, o que pode usar? Há muitos recipientes que servem muito bem para guardar um tarô; eu já usei um *nécessaire* de cosméticos com zíper, um porta-moedas com fecho de pressão e até mesmo uma velha lata de charutos. Depois de conseguir a caixa ou saquinho certo para as suas cartas, certifique-se de purificá-lo antes e colocar seu baralho ali dentro, especialmente se estiver reaproveitando um objeto de valor sentimental. Você pode fazer uma limpeza simples em seu espaço de trabalho mágico, passando o saquinho ou a caixa pelas representações dos quatro elementos clássicos: Terra, Ar, Fogo e Água. Se preferir, deixe seu recipiente sob a Lua cheia durante a noite ou queime ervas purificadoras e passe a caixa ou saquinho através da fumaça; algumas das minhas ervas favoritas para defumação são alecrim, artemísia, lavanda, hortelã e folhas de louro. Uma alternativa é incluir sua nova caixa ou saquinho no ritual de purificação das cartas.

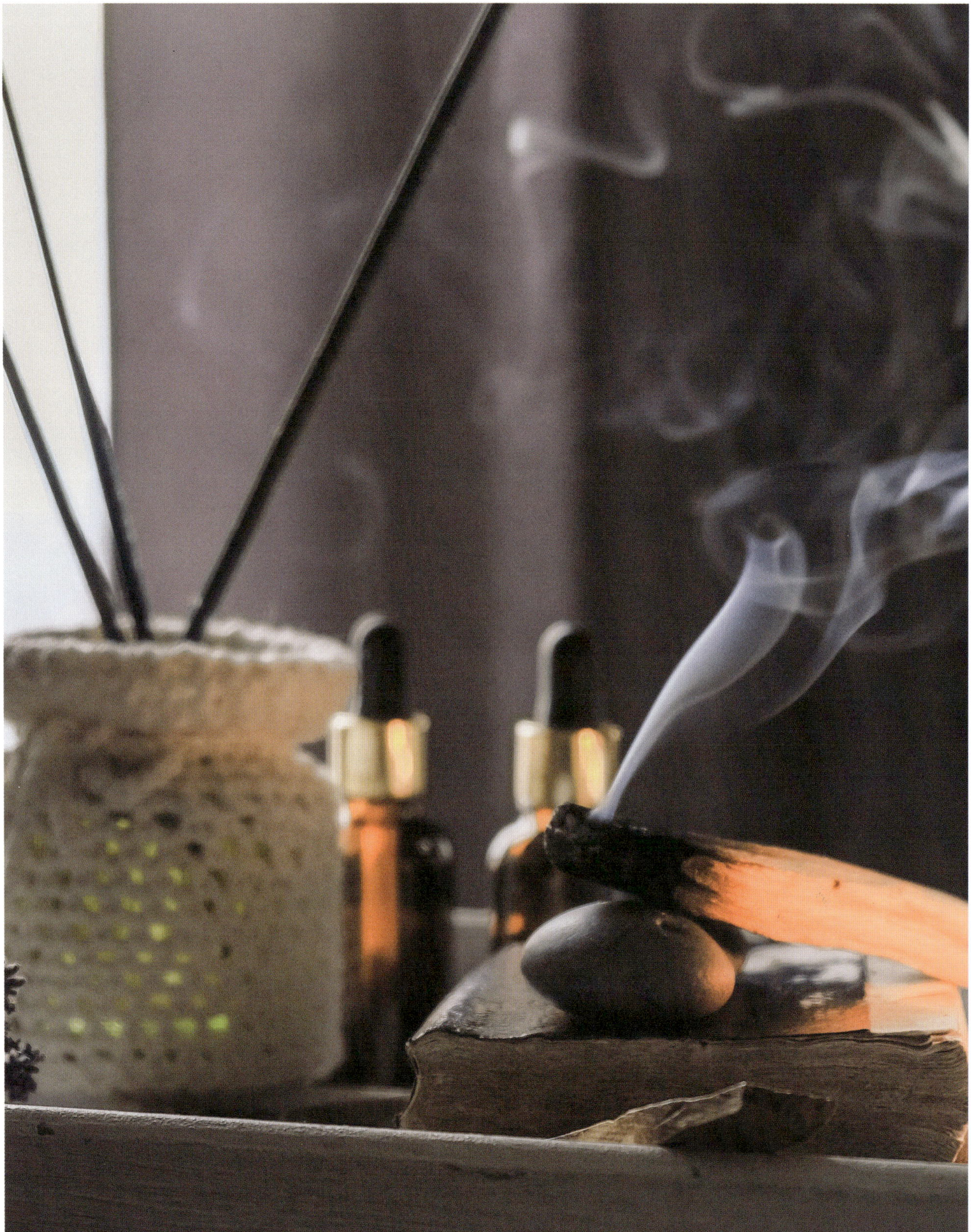

Ritual Simples de Purificação das Cartas

Algumas pessoas purificam as cartas toda vez que as usam, outras só fazem isso de vez em quando. Com que frequência você deve fazer isso? Sempre que sentir que suas cartas precisam de uma limpeza! Se não acredita que elas absorvem e retêm a energia daqueles que as tocaram, sinta-se à vontade para pular esta seção.

Muitas pessoas da comunidade mágica acreditam que os objetos absorvem as vibrações das pessoas que tiveram contato com eles. Isso significa que, se não limpar a energia residual de um objeto que você trouxe para casa com a finalidade de realizar trabalhos mágicos como feitiços, adivinhação ou rituais, você pode acabar captando a energia de outra pessoa, que tanto pode ser positiva quanto negativa. Agora, quando se trata de algo novo, como um baralho que você acabou de tirar da embalagem, pode não haver muita energia nele, mas é uma boa ideia purificá-lo de qualquer maneira, porque ninguém sabe que tipo de coisas (ou pessoas) entrou em contato com as cartas antes de elas chegarem até você.

Não existe uma maneira certa de purificar itens mágicos, por isso, se você já está acostumada a fazer rituais de limpeza ou purificação, não precisa usar outros! Este ritual simples você pode usar para purificar seu baralho de tarô, mas ele pode ser adaptado para qualquer outro instrumento de magia que precise de uma limpeza: talismãs e amuletos, varinhas e athames, velas e cristais, e assim por diante. Se você precisar ajustar o ritual para atender às suas próprias necessidades, vá em frente!

Além do seu baralho de tarô, você vai precisar de uma vela branca, uma tigela com terra, seu incenso favorito, uma vela de *réchaud* e um copo com água. Se você faz parte de uma tradição mágica que tem o costume de lançar um círculo antes dos rituais, faça isso, mas não é necessário. Para começar, coloque a tigela com terra na parte mais ao norte do seu altar, o incenso ao leste, a vela ao sul e a água ao oeste. Acenda a vela branca e diga: *"Poder da luz, poder da pureza, por esta chama sagrada, eu purifico estas cartas"*.

Passe as cartas sobre a tigela de terra, que representa o elemento Terra. Diga: *"Guardiões do Norte, poderes da Terra, eu os invoco para purificar estas cartas, com suas energias estáveis, seguras e de ancoramento"*. Acenda o incenso e passe seu baralho pela fumaça, dizendo, *"Guardiões do Leste, poderes do Ar, eu os invoco para purificar estas cartas, com seus dons de sabedoria, intuição e comunicação clara"*. Volte-se para a vela e acenda-a, passando as cartas pela chama (mas não deixe que cheguem muito perto!). Diga: *"Guardiões do Sul, poderes do Fogo, eu os invoco para purificar estas cartas, com sua paixão, poder e a força da minha vontade"*. Por fim, passe as cartas sobre o copo d'água, dizendo: *"Guardiões do Oeste, poderes da Água, convoco-os para purificar estas cartas, com suas energias de limpeza, purificação e cura"*.

Concentre-se na luz da vela branca, deixando que essa luz envolva suas cartas. Saiba sem nenhuma dúvida que suas cartas estão absorvendo a energia positiva da vela e dos quatro elementos. Diga: "*Eu purifico estas cartas pelos poderes da Terra, do Ar, do Fogo e da Água. Estou banindo agora as energias de qualquer pessoa que as tenha tocado antes de mim, tornando estas cartas novas e revigoradas. Eu purifico estas cartas com os poderes e energias dos elementos, e elas agora são minhas*".

Lembre-se de que, além de realizar ações mágicas regularmente, como um ritual de purificação (se você achar que suas cartas precisam), existem algumas ações mundanas ou não mágicas que você deve realizar para manter suas cartas fisicamente limpas.

- Lave as mãos antes de manusear as cartas; a oleosidade da pele pode acabar danificando a tinta e o papel das cartas. Portanto, a higiene das mãos pode aumentar a durabilidade do seu tarô.
- Coloque as cartas numa superfície limpa quando estiver fazendo uma leitura ou realizando feitiços ou rituais com elas.
- Assim que terminar de usar as cartas numa leitura ou feitiço, volte a guardá-las na caixa ou no saquinho. Se acumularem poeira, limpe-as antes de guardá-las. Normalmente, um simples pano seco é suficiente para remover a poeira. Se as cartas estiverem pegajosas ou grudentas, limpe-as com um pano macio levemente úmido sobre uma superfície plana, evitando quinas.
- Mantenha as cartas longe de animaizinhos de estimação curiosos, crianças xeretas, chama de velas, alimentos pegajosos e bebidas que possam derramar.

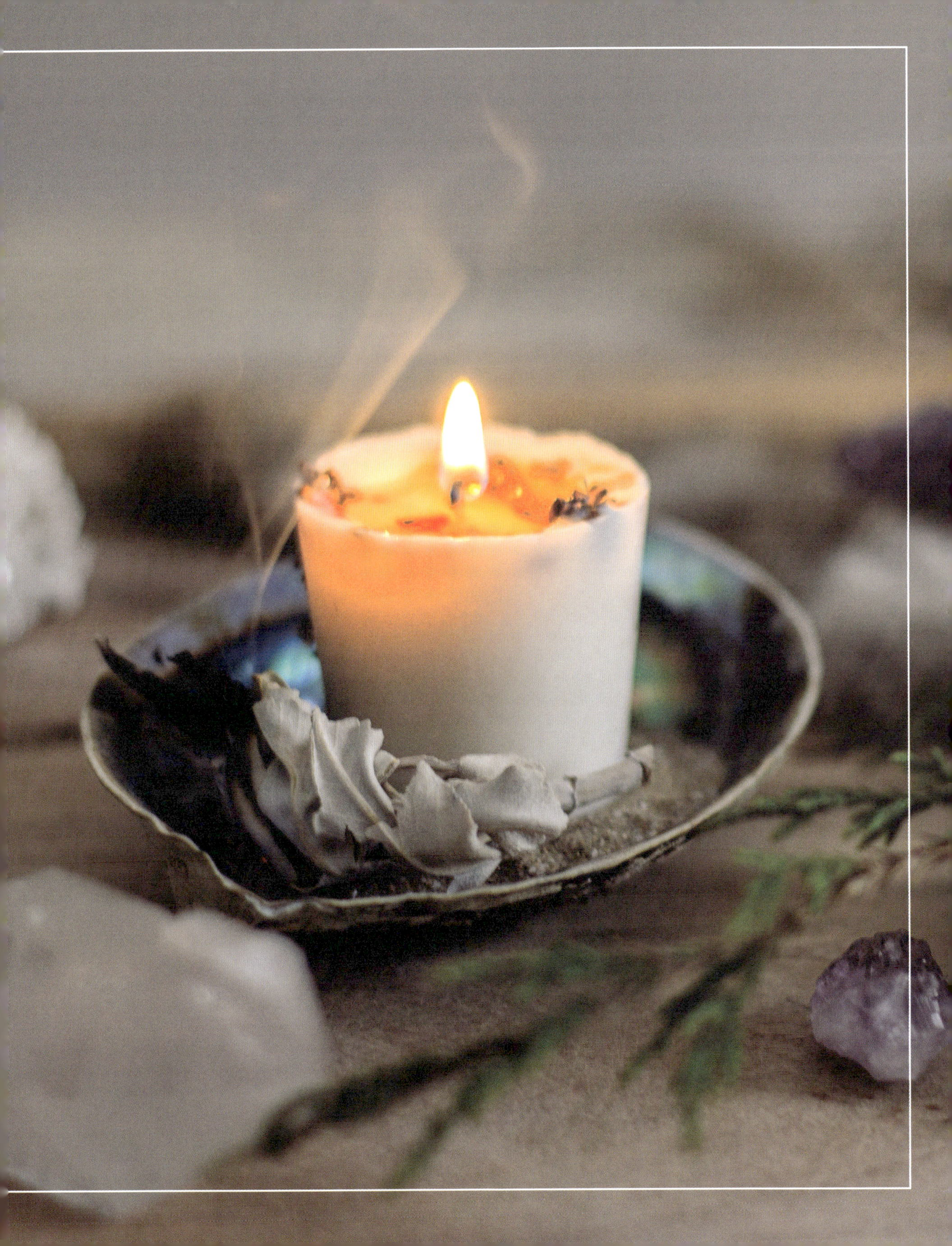

PARTE 2

*Pequeno Manual de Tarô
Significado das Cartas e Tiragens Simples*

6

Os Arcanos Maiores

Algumas das obras de arte mais icônicas do tarô chegam até nós através das imagens dos Arcanos Maiores de Pamela Colman Smith. Você provavelmente já viu essas cartas antes (a Morte, o Louco, o Eremita e assim por diante). Nos Arcanos Maiores, você encontrará três grupos diferentes de cartas, cada um representando vários domínios da experiência humana. Esses três grupos ou temas diferentes são: mundo material, mente intuitiva e mudanças em geral.

O primeiro grupo, as cartas numeradas de 0 a 7, geralmente representam questões do mundo material, situações relacionadas a empregos e sucesso na carreira, ganhos ou perdas financeiras, educação e casamento ou outras parcerias românticas. O segundo grupo, cartas de 8 a 14, concentra-se no nosso eu emocional individual. Em vez de abordar o que fazemos ou pensamos, elas se concentram em como nos sentimos. Esse grupo simboliza a necessidade profundamente humana de conexão emocional com os outros, bem como nossa busca pela fé e pela verdade. Por fim, as cartas de 15 a 21 nos mostram o caminho para a iluminação, incluindo as leis e questões universais. Essas cartas dizem respeito aos muitos aspectos diferentes da nossa vida, relacionados ao crescimento e desenvolvimento espiritual, e se concentram não tanto nos sentimentos quanto nas necessidades individuais ou sociais.

0 O Louco

O Louco pode ser muitas coisas, mas tolo ele não é. Pense no Louco como uma representação das primeiras fases do desenvolvimento espiritual. Em geral, o Louco é um símbolo não apenas de novos começos, mas também de inexperiência. Ele não é muito racional ou sensato, mas isso não importa; é hora de novas jornadas e aventuras, e de todas as possibilidades desconhecidas que estão na estrada à frente. Tudo tem um potencial e pode ser necessário improvisar à medida que vão surgindo curvas na estrada. Seja espontânea, mas também fique atenta aos seus passos.

Quando essa carta aparece invertida, pode indicar alguém com tendência a não "olhar antes de saltar" e serve como um lembrete de que é melhor pensar antes de agir. Além disso, o Louco nos adverte de que a falta de atenção aos detalhes pode ser um problema posteriormente, levando-nos a cometer erros. Não deixe que seus medos do desconhecido a impeçam de seguir em frente.

1 O Mago

O Mago é uma carta de oportunidades. Quando ele aparece numa leitura de tarô, é sinal de que, se estiver na direção certa, você terá o poder de manifestar suas intenções; porém, será necessário muito trabalho. O Mago nos lembra de que podemos ser as mestras do nosso próprio destino e provocar as mudanças que desejamos ver, se tivermos força de vontade e atitude. Tendo autoconsciência da nossa visão e objetivo, fazendo escolhas deliberadas e empreendendo as atividades de modo consciente, podemos fazer coisas grandiosas.

Se a carta do Mago aparecer invertida, ela pode indicar fraqueza e inaptidão. Também pode representar uma pessoa que falha, não porque tome decisões erradas, mas porque não toma decisão alguma. Concentre-se, mantenha a lucidez e siga adiante.

2 A Sacerdotisa

Pense na Sacerdotisa como a ponte que liga aquilo que podemos ver a um mundo desconhecido. Essa carta apresenta o equilíbrio e o poder numa única forma e geralmente representa um futuro não revelado e com influências ocultas em ação. Embora a Sacerdotisa seja uma figura de apresentação feminina, essa carta não representa necessariamente uma mulher. Ela é um lembrete dos atributos atribuídos ao feminino que todos nós carregamos em nosso ser, como sabedoria, iluminação e intuição. A Sacerdotisa é uma carta associada a personalidades criativas (poetas, músicos e artistas, por exemplo) e é, na verdade, uma carta de manifestação, que muitas vezes é possível devido à nossa conexão com nosso Eu Superior.

Invertida, a carta da Sacerdotisa pode simbolizar conhecimento ao seu alcance e fatos óbvios que você tem ignorado. Não apenas isso, mas provavelmente você também está negando a sua intuição, por se deixar levar pelo orgulho e pela presunção. Aprenda a ir mais devagar de vez em quando, acalme a respiração e ouça o que o universo está tentando lhe dizer.

3 A Imperatriz

Se a Imperatriz apareceu na sua leitura, busque abundância material e riqueza, além de fertilidade - e não só a fertilidade que gera filhos. Trata-se aqui de fertilidade e abundância para quem está tentando manifestar contentamento, amor ou projetos criativos. O que você deseja atrair para a sua vida que é novo e gratificante? Se essa carta aparecer, ela também pode representar a sensação de prazer proporcionada por todas as coisas que você já tem, e não apenas pelo que deseja alcançar. Especialmente quando se trata de vida familiar e doméstica, a Imperatriz é uma carta de harmonia, um Arquétipo da Mãe Terra.

Como você pode imaginar, invertida, a Imperatriz pode indicar que algo está causando perturbação ou insatisfação na sua casa, uma sensação de perda eminente, instabilidade de recursos ou total falta de contentamento. Reconecte-se com a natureza, concentre-se no cuidado por si, se necessário, e demonstre compaixão nos seus relacionamentos com as outras pessoas.

4 O Imperador

O Imperador mostra não apenas autoridade e lei, mas também força e poder. Essa é a carta dos líderes e fomentadores da guerra, e representa medidas decisivas e deliberadas. Quando você tira a carta do Imperador, ela normalmente simboliza um indivíduo forte e assertivo que oferece uma orientação baseada na experiência. Embora essa orientação nem sempre seja desejada, geralmente vale a pena prestar atenção nela. Essa carta é certamente de direcionamento e conhecimento acumulado ao longo da vida, bem como da força pessoal necessária para enfrentar conflitos e desafios.

Porém, se a carta do Imperador aparecer invertida em sua leitura, pode ser sinal de alguém que esteja perdendo o controle. Às vezes, isso significa instabilidade emocional em vez de física, mas, independentemente disso, em geral indica que algum tipo de prejuízo é iminente. Reflita se reafirmar seu domínio é algo importante na sua vida ou se você está disposta a deixar de ser o centro das atenções e permitir que os outros ocupem o centro do palco de vez em quando.

5 O Hierofante

Se a carta do Hierofante aparecer na sua leitura, procure um indivíduo com preferência por cerimônias e rituais estabelecidos. Isso pode refletir, em parte, a necessidade de ser aceita pelos outros (talvez pela sociedade como um todo) ou o desejo de aprovação institucionalizada. O Hierofante indica a importância da conformidade, das diretrizes e da estrutura. Essa carta pode ser um lembrete para você estudar de forma concentrada e organizada, principalmente quando se trata de crenças espirituais, e aprender com aqueles que têm mais experiência, em vez de apenas improvisar.

A carta do Hierofante invertida, por outro lado, revela pessoas de mente aberta e que aceitam novas ideias - pessoas dispostas a pensar de modo inovador, mesmo que suas ideias contrariem as normas culturais e sociais. Essa é a carta do não conformista: o rebelde, o adepto de uma vida alternativa, o artista que foge do convencional. Procure aprender por conta própria quando isso for útil para você; veja o mundo através das suas próprias lentes e afaste-se das tradições e dos valores que não lhe servem mais.

6 Os Enamorados

Os Enamorados não têm necessariamente a ver com o amor físico ou romântico, mas essa carta certamente pode se referir a relacionamentos e à maneira como nos conectamos com as pessoas importantes para nós. Além disso, os Enamorados é uma carta de escolhas e pode indicar uma situação em que devemos decidir algo - ou talvez até mesmo vencer uma tentação. Os Enamorados nos mostram que temos alternativas e que, às vezes, não é fácil tomar uma decisão. Quando a carta dos Enamorados aparecer, tenha todas as suas alternativas em mente e, seja qual for a opção escolhida, certifique-se de que está sendo fiel às suas próprias necessidades, valores e bem-estar geral.

Invertida, a carta dos Enamorados nos lembra de que más escolhas podem levar a resultados negativos. Brigas e, ocasionalmente, até a infidelidade causada pela tentação, podem ser reveladas aqui. Essa carta nos mostra que é hora de estabilizar nossas emoções e parar de enfocar os desejos carnais. Reflita se seus relacionamentos são realmente equilibrados da maneira que você precisa que sejam e se você (ou o seu parceiro) está deixando que influências externas ou o passado sejam um empecilho para que tenham uma ligação saudável e harmoniosa.

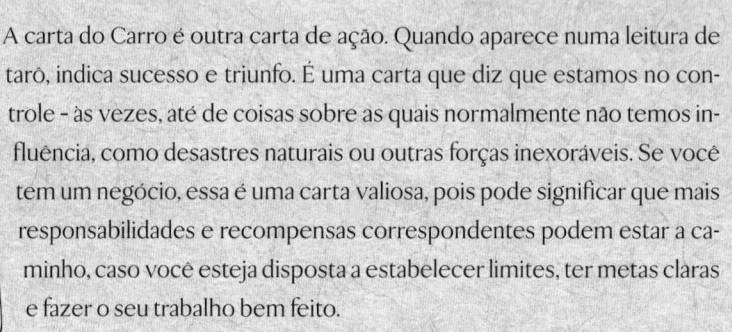

7 O Carro

A carta do Carro é outra carta de ação. Quando aparece numa leitura de tarô, indica sucesso e triunfo. É uma carta que diz que estamos no controle – às vezes, até de coisas sobre as quais normalmente não temos influência, como desastres naturais ou outras forças inexoráveis. Se você tem um negócio, essa é uma carta valiosa, pois pode significar que mais responsabilidades e recompensas correspondentes podem estar a caminho, caso você esteja disposta a estabelecer limites, ter metas claras e fazer o seu trabalho bem feito.

A carta do Carro invertida pode simbolizar uma vitória conquistada por meios antiéticos, como trapacear, mentir ou manipular as pessoas para conseguir o que quer. Também pode ser um sinal de que, em vez de ver oportunidades, você está vendo tudo como um obstáculo. Se suas batalhas parecerem avassaladoras, dê um passo para trás e reexamine suas próprias motivações. O que você espera alcançar e por quê? Depois de esclarecer essas questões, você pode voltar a seguir em frente.

8 A Força

A carta da Força não se refere apenas à nossa potência física, mas também à nossa determinação espiritual e força emocional. Ela nos lembra de que nossos objetivos estão ao nosso alcance e que, com confiança e perseverança, podemos superar os desafios que temos pela frente. Seja paciente e encontre dentro de si mesma o ímpeto para continuar, e no final a sua força de caráter irá resplandecer. Muitas vezes, esta é uma carta de estratégias de enfrentamento, de estabelecer limites e de se arriscar; ela também está associada à lealdade e ao apoio àqueles que amamos e que podem estar enfrentando dificuldades.

Quando a carta da Força aparece na posição invertida, pode indicar alguém cuja vida é regida não tanto pela emoção e pelo equilíbrio espiritual, mas pelas próprias necessidades e desejos materiais. O medo do desconhecido pode torná-la vulnerável e insegura, além de levá-la a agir de forma impensada. Quais providências a ajudarão a investir no autocuidado, para que possa descansar, recuperar as forças e rejuvenescer?

9 O Eremita

Sozinho com um lampião, o Eremita aparece para nos informar de que temos oportunidade de receber sabedoria do mundo espiritual ou divino. Essa carta nos lembra de que as metas são alcançáveis para aqueles que estão dispostos a investir tempo e energia nelas, mas que a jornada nem sempre é fácil ou tranquila. Essa é uma carta de contemplação e reflexão interior, que nos leva a buscar respostas onde antes só tínhamos dúvidas. O Eremita geralmente representa oportunidades de obter orientação, empreender novas jornadas de autodescoberta e buscar a autoavaliação por meio da reflexão.

A carta do Eremita invertida pode revelar um indivíduo que não quer ouvir a sabedoria de fontes confiáveis. Essa pessoa vai desconsiderar o conselho dos mais velhos ou mais experientes, simplesmente porque não está interessada em aprender com nenhuma experiência que não seja a sua própria. Em particular, isso pode ser um sinal de que você está se isolando demais. Reserve um tempo para ficar em solidão, mas não se afaste daqueles que se importam com você. Dê espaço a si mesma, mas tenha cuidado para não impedir que os outros se aproximem.

10 A Roda da Fortuna

A Roda da Fortuna nos lembra de que, mesmo que o mundo seja fluido e esteja em constante mudança, temos o poder de fazer mudanças em nossa própria vida e não precisamos ser governados pelo destino. Espere ter sucesso graças a algumas decisões inteligentes, uma maré de sorte ou uma evolução criativa significativa. No geral, é uma carta auspiciosa, que nos lembra de que podemos fazer o nosso próprio destino, mas também que colhemos o que plantamos. Cerque-se de pessoas positivas e adote uma mentalidade otimista, e você poderá colher as recompensas. Preencha sua vida com pensamentos negativos e com crueldade, e é isso que você vai atrair.

Invertida, a Roda da Fortuna indica estagnação e contratempos. Condições e mudanças inesperadas exigirão que você seja corajosa e dê grandes passos, mas lembre-se de que a energia, o esforço e o tempo que você dedica a qualquer empreendimento serão muito compensadores. Reconheça seus erros e aprenda com eles para que não se tornem hábitos.

11 A Justiça

Quando a carta da Justiça aparecer, saiba que a justiça e o equilíbrio regerão o seu dia. Tenha em mente que a carta da Justiça não é sobre o que você quer, é sobre o que é justo, e isso significa que ela vem com responsabilidades. Muitas vezes associada a questões legais, essa carta representa o estado de direito e o resultado depende das suas próprias atitudes. Às vezes, ela é uma carta de escolhas; portanto, se você tiver uma grande decisão a tomar, certifique-se de se informar muito bem primeiro para saber o efeito total da sua escolha em sua própria vida e na vida de outras pessoas. Em alguns casos, a carta da Justiça pode mostrar um desejo de ter um nível de instrução superior. Por acaso você está pensando em voltar a estudar, aprender um novo ofício ou ensinar a outras pessoas o que aprendeu?

Invertida, a carta da Justiça destaca possíveis problemas e complicações com a Lei. Se você tiver um processo judicial pendente, essa carta pode representar um provável resultado desfavorável. Também pode ser um lembrete de que, ao julgar os outros, a misericórdia e a empatia podem nos ajudar a não ser tão severos. Aprenda a ter compaixão por si mesma e por aqueles que são afetados por suas decisões.

12 O Enforcado

O Enforcado, às vezes chamado "O Pendurado", é visto como uma carta extremamente significativa e, embora muitos dos seus significados estejam ocultos, ela pode ter camadas profundas. O Enforcado revela sabedoria ou um conhecimento profético que não exploramos ou descobrimos, e que estão adormecidos sob a superfície. O Enforcado nos diz que, às vezes, é preciso apertar nosso botão interno de pausa caso precisemos colocar as coisas em modo de espera. Aprenda a dar um passo para trás e avaliar essas pequenas pausas e vê-las como interrupções valiosas e necessárias, em vez de apenas seguir em frente. O universo quer que você pare e respire.

Invertida, a carta do Enforcado revela uma pessoa sem interesse em saber mais sobre o seu crescimento espiritual e que se recusa a aceitar a necessidade de fazer algumas renúncias para evoluir e se desenvolver. Cuidado para não se tornar excessivamente egocêntrica ou muito envolvida em questões materiais. Lembre-se de que há uma grande diferença entre atividade e produtividade.

13 A Morte

Apesar do que você provavelmente já viu em filmes ou na televisão, essa carta raramente significa morte física. Em vez disso, ela representa o ciclo sem fim de vida, morte e renascimento. Ela mostra que estamos sempre nos transformando e podemos nos reinventar e recomeçar a qualquer momento. Essa carta revela evolução e regeneração, criação após a destruição. Dê as boas-vindas a novas oportunidades, novas ideias e novos começos.

Invertida, a carta da Morte representa uma tendência para a estagnação, sem nunca crescer ou avançar, permanecendo inerte, sem mudança. Também pode mostrar resistência em mudar ou aceitar novas ideias. Que bagagem você está carregando do passado e como isso afeta sua vida e seus relacionamentos atuais? Aprenda a deixar de lado as ideias, pessoas ou coisas negativas que a impedem de avançar e não a satisfazem. Se eliminá-las da sua vida, abrirá espaço para novas oportunidades e crescimento.

14. A Temperança

A carta da Temperança mostra que podemos nos beneficiar quando transformamos imaginação em realidade, fortalecendo nossa vontade de provocar mudanças.

A Temperança também nos lembra da importância de sabermos ter boas relações com as outras pessoas e que o trabalho em equipe (que inclui concessões ocasionais) pode trazer conquistas e sucesso. Essa carta nos mostra o equilíbrio através da combinação de forças e da unificação de muitos elementos para atingir um objetivo comum.

Quando invertida, a carta da Temperança revela algumas circunstâncias desfavoráveis, como relacionamentos tóxicos, más decisões financeiras, possivelmente até desonestidade ou exploração. Veja essa carta como um aviso: é hora de reavaliar a sua situação e buscar mais equilíbrio. Pare de exigir tanto de si mesma e se desdobrar para cumprir tantos compromissos; em vez disso, encontre uma maneira de reformular suas prioridades, para poder alinhar suas ações com suas visões do futuro.

15 O Diabo

Se você tirar a carta do Diabo numa leitura do tarô, tome cuidado com o descontentamento e com níveis perigosos de obsessão, estagnação emocional ou alguém tão ligado ao material que negligencie os aspectos espirituais da vida. O Diabo é uma carta associada a más decisões, mas também pode aparecer como uma representação de vício ou doença mental. No entanto, o Diabo pode ter atributos positivos; pode ser um catalisador para quebrar as correntes que nos prendem.

Invertida, a carta do Diabo retrata uma imagem mais ensolarada, que mostra a remoção do fardo da escravidão material, em favor da compreensão espiritual. Encontre maneiras de sair da sua escuridão, iluminando seu próprio caminho em direção à cura, à coragem e ao crescimento.

16 A Torre

As cartas do tarô geralmente mostram mudanças evolutivas graduais, mas a Torre reflete mudanças repentinas e dramáticas - e muitas delas causadas por forças externas e fora de controle. Quando a Torre surge, indica grandes mudanças, muitas vezes abruptas, conflitos e catástrofes. Prepare-se para uma reconstrução, porque seu mundo pode estar prestes a desabar; você estará questionando tudo o que pensou que sabia e em que acreditava.

A carta da Torre invertida mostra que a liberdade da mente e do espírito pode ser alcançada, mas apenas a duras penas. Há muita agitação no entorno, o que não é incomum em tempos de crise. Isso pode indicar alguém esperando para se libertar de um relacionamento abusivo ou sair de uma situação de trabalho desastrosa, mas também é um empurrão para parar de se apegar a coisas que não são saudáveis e satisfatórias. Pare de lutar contra a mudança, abrace-a e reconheça que uma nova versão sua emergirá das cinzas.

17 A Estrela

A Estrela é uma carta de meditação. Serve para nos mostrar que, se ouvirmos mais do que falamos, a verdade acabará sendo revelada. Essa é a carta de alguém que busca e obtém inspiração, iluminação e *insight*. A Estrela vê possibilidades auspiciosas em vez de problemas, oportunidades em vez de obstáculos intransponíveis. Essa é uma carta de doação, compartilhamento e compaixão altruísta pelos outros.

Invertida, a Estrela revela pessimismo, dúvida e cinismo. Representa alguém a quem falta percepção para crescer espiritual ou emocionalmente e sempre vê o copo meio vazio. Pode indicar descontentamento com as coisas que costumavam trazer satisfação; descubra como nutrir seu espírito e sua alma para que você possa encontrar alegria mais uma vez.

18 A LUA

Se você tirar a carta da Lua no tarô, espere o desenvolvimento de habilidades psíquicas adormecidas. A Lua pode representar mensagens ocultas e enganos, bem como imaginação e intuição. As coisas nem sempre são como parecem na superfície, então, quando essa carta aparecer, confie no seu instinto, especialmente quando se tratar de traumas e medos do passado.

Se a carta da Lua aparecer invertida, pode ser um sinal de que sua intuição e habilidades psíquicas foram bloqueadas ou reprimidas no passado, mas você tem lidado com os bloqueios e a repressão e está tentando se curar. Embora as coisas possam não fazer sentido agora, reserve um tempo para ouvir seus instintos, em vez de permitir que outras pessoas exerçam influência indevida sobre você. Em breve, você encontrará o caminho certo a seguir e estará mais aberta às mensagens que o universo está enviando.

19 O SOL

O Sol quase sempre é um sinal de que coisas boas estão por vir; essa é a carta de famílias felizes, relacionamentos saudáveis e bem-estar físico e mental. Para estudantes e estudiosos, pode refletir a liberdade - e o alívio - que advém da conclusão dos estudos e do aprendizado. O Sol nos lembra de que podemos encontrar uma grande alegria nas coisas mais simples. Se essa carta aparecer na sua leitura, o futuro é realmente brilhante!

Invertida, a carta do Sol pode simbolizar um futuro nublado. Pode apontar para alguém que está vagando sem objetivos claros à vista, ou cujo casamento ou trabalho pode estar em risco. Mas trata-se apenas de um revés temporário; no final, você se reorientará e entrará outra vez no ritmo.

20 ⬩ O Julgamento

A carta do Julgamento indica alguém que trabalhou com afinco para conquistar uma vida gratificante, cheia de alegria e contentamento, e enfrentou estradas esburacadas em sua jornada para o sucesso. Ela revela despertar e renovação – não apenas espiritual, mas também emocional e físico. O Julgamento mostra que passamos por uma mudança na percepção pessoal e ganhamos uma nova capacidade de nos misturarmos com o nosso mundo. Tudo está começando a se encaixar, a encontrar seu lugar de uma forma que o levará ao seu verdadeiro eu. O julgamento também pode simbolizar resultados favoráveis em processos na Justiça.

Invertida, a carta do Julgamento mostra nossos medos e fraquezas. Em particular, pode revelar alguém cuja dificuldade para assumir compromissos pode levar ao fracasso e à dificuldade para encontrar a felicidade. Pode até indicar o fim de um casamento ou outro relacionamento, bem como uma perda de bens materiais. Aprenda a deixar de lado suas dúvidas e todas as outras coisas que o impedem de avançar, para que possa viver uma mudança transformadora e positiva.

21 ⬩ O Mundo

Essa é a carta final dos Arcanos Maiores e, como você pode imaginar, simboliza conclusão, liberdade e libertação, além de triunfo em todos os empreendimentos. Ela nos permite saber que estamos prestes a atingir nossos objetivos e que todos os nossos esforços finalmente serão recompensados quando tudo começar a fazer sentido. Mas a aventura não termina aí – reserve um tempo para refletir sobre seus sucessos, comemorar suas realizações e pensar sobre o que aprendeu ao longo do caminho.

Invertida, a carta do Mundo mostra que o sucesso ainda não foi alcançado, muitas vezes devido à falta de vontade de seguir em frente e deixar o passado para trás. Ela pode indicar alguém excessivamente apegado à casa ou ao trabalho, que se recusa a assumir o risco inerente às novas oportunidades. Pense nas várias etapas que você precisa seguir para realizar seus sonhos e, em seguida, coloque-as em prática, uma de cada vez, até que o processo se torne mais viável.

7
O Naipe de Copas

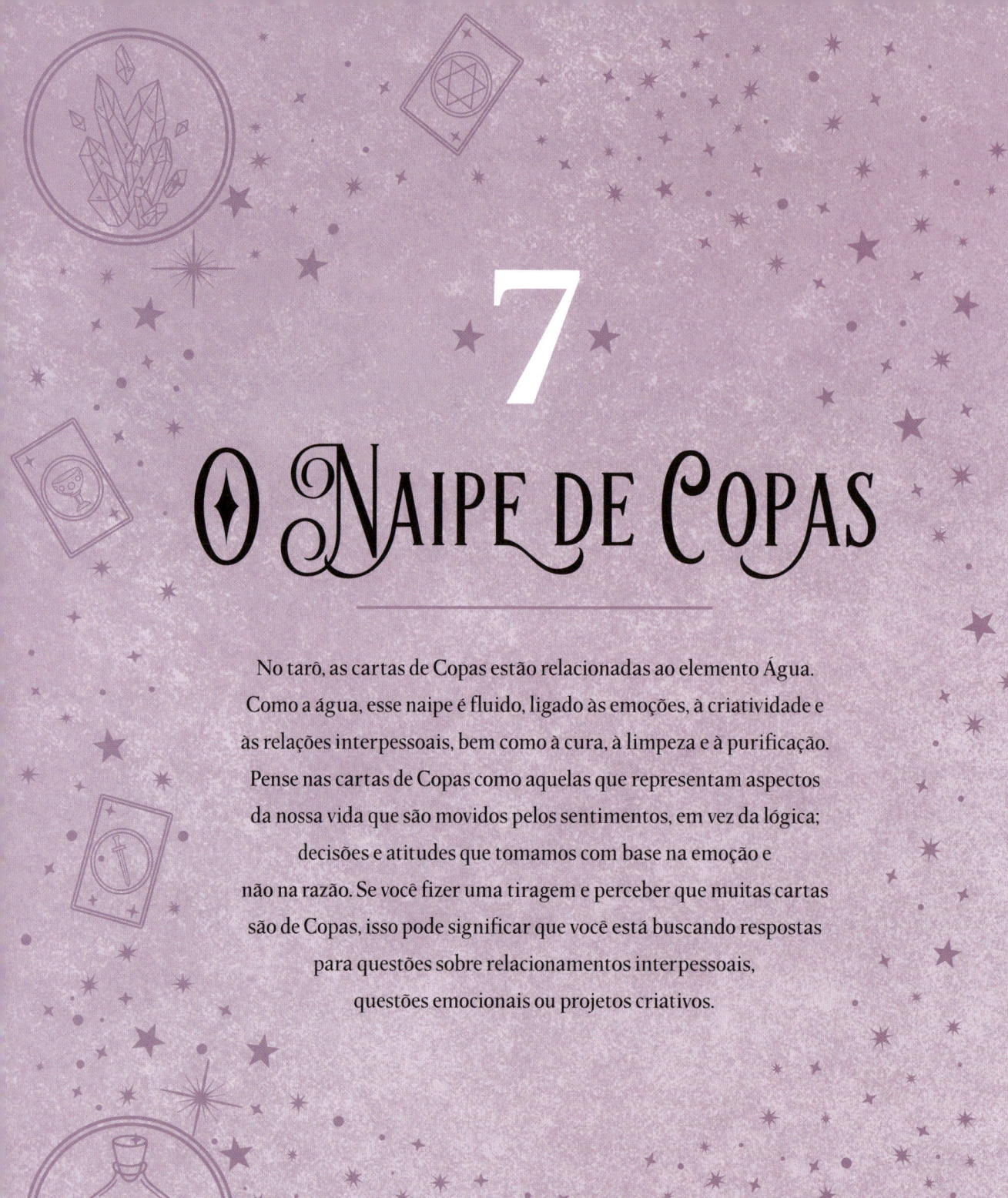

No tarô, as cartas de Copas estão relacionadas ao elemento Água. Como a água, esse naipe é fluido, ligado às emoções, à criatividade e às relações interpessoais, bem como à cura, à limpeza e à purificação. Pense nas cartas de Copas como aquelas que representam aspectos da nossa vida que são movidos pelos sentimentos, em vez da lógica; decisões e atitudes que tomamos com base na emoção e não na razão. Se você fizer uma tiragem e perceber que muitas cartas são de Copas, isso pode significar que você está buscando respostas para questões sobre relacionamentos interpessoais, questões emocionais ou projetos criativos.

Um/Ás de Copas

No tarô, os Ases são sempre vistos como um sinal de um novo começo, e o Ás de Copas pode nos mostrar as possibilidades de novas amizades ou outros relacionamentos pessoais amorosos e significativos. Essa carta também está associada à criatividade, à percepção espiritual e à sorte. Ela nos alerta de que grandes bênçãos – até mesmo milagres – estão começando a acontecer. E nos lembra de que, quando investimos em nossas conexões com os outros, podemos sentir uma abundância de riquezas.

Quando o Ás de Copas aparece invertido, todo aquele *insight* feliz se distorce, revelando desencanto ou tristeza, embora não necessariamente nossos. Às vezes, essa carta nos diz que precisamos ser cautelosos com os sentimentos das outras pessoas. Você disse algo doloroso – ou falhou em expressar bondade e amor – a alguém de quem gosta?

Dois de Copas

O Dois de Copas representa o desenvolvimento de um relacionamento já existente – almas gêmeas, amigos íntimos etc. Ele pode até estar ligado a um relacionamento que você ainda não sabe que é significativo; há alguém em sua vida que você gostaria de conhecer melhor? Concentre-se nas conexões que você já possui e se esforce para fortalecê-las e aprimorá-las, estabelecendo laços por meio da harmonia.

Quando o Dois de Copas está invertido, ele revela que um desentendimento causou uma ruptura, então é hora de consertar as coisas! Normalmente, é um simples mal-entendido que leva a um afastamento entre duas pessoas. Existe alguém com quem você esteja brigando por algo insignificante? Seja a pessoa com mais bom senso e erga uma bandeira branca, para que vocês possam ter um relacionamento mais gratificante.

Três de Copas

O Três de Copas é uma carta de celebração. Mostra acontecimentos alegres, festivos e felizes, compartilhados com aqueles que você mais ama. Passe um tempo com as pessoas que a elevam e apoiam, em vez de ficar na companhia daquelas que a deixam para baixo, e aceitem as vitórias e triunfos uns dos outros. Trabalhem juntos de maneira colaborativa para atingirem objetivos comuns em sua comunidade.

Se o Três de Copas aparecer invertido, pode ser um sinal de discórdia e desarmonia, não por maldade, mas geralmente por causa de conflitos de personalidade. Às vezes, essa carta significa que você precisa se afastar um pouco das outras pessoas e ficar em solidão por um tempo até que esteja pronta para enfrentar o mundo. Ao fazer isso, não leve com você as suas frustrações nem permita que sentimentos ruins estraguem o seu dia ou o dia de qualquer pessoa.

Quatro de Copas

Será que não é o momento de parar tudo por um tempo? O Quatro de Copas está associado a um período de inatividade e dormência. Se você está se sentindo desmotivada, pode ser hora de fazer um exame de consciência. Além disso, essa carta pode indicar um relacionamento com muitas amarras, por isso você precisará estabelecer diretrizes e limites antes que as coisas avancem. O outro está esperando que você dê mais do que está recebendo? Você é alguém que prefere que a outra pessoa cuide da estabilidade emocional do casal?

Invertida, essa carta pode significar que é hora de encerrar seu período de reflexão ou retiro e finalmente seguir em frente. Talvez você precise terminar um relacionamento que nenhuma das partes considera benéfico ou se afastar de projetos que não lhe trazem alegria. Às vezes, as coisas simplesmente seguem seu curso e não há necessidade de arrastá-las por muito tempo. Estabeleça novas metas para si mesma.

Cinco de Copas

Quando a carta do Cinco de Copas aparece, algum tipo de turbulência é iminente. Tudo é uma decepção, até as coisas que antes a faziam feliz. Essa carta também pode revelar indecisão, arrependimento ou desilusão; em casos mais específicos, pode representar alguém que está dividido entre duas opções, o que significa que é preciso renunciar a alguma coisa.

Invertida, a carta do Cinco de Copas indica que um sacrifício será feito, mas não de natureza tão emocional. Muitas vezes, ela significa que você está desistindo de algo - ou alguém - pelo qual já não tinha tanto apego. Aceite que é hora de seguir em frente e defina suas expectativas.

Seis de Copas

Quando a carta do Seis de Copas aparece, ela indica que incidentes do passado estão influenciando significativamente o presente e até mesmo o futuro de maneira positiva. Esses acontecimentos podem remontar à sua infância ou, pelo menos, a vários anos atrás, e essa carta pode sugerir um reencontro com um velho amigo e a renovação de interesses há muito esquecidos ou a realização de sonhos que você acabou deixando de lado há muito tempo.

Quando a carta do Seis de Copas aparece invertida, ela indica que ainda há influências do passado e, nesse caso, elas estão atrapalhando você. Essa carta também pode revelar maneiras pelas quais alguém que não está mais na sua vida ainda mantém um domínio emocional sobre você. Será que você está se recusando a deixar de lado emoções do passado? É hora de aprender com seus erros.

Sete de Copas

O Sete de Copas é uma carta de oportunidades e abundância, mas certifique-se de tomar decisões com base no quadro geral e não em recompensas imediatas e de curto prazo. O planejamento e a premeditação darão mais frutos do que as escolhas feitas por impulso. Não se distraia com novidades empolgantes se elas não servirem para você ou não lhe trouxerem alegria a longo prazo.

Invertida, a carta do Sete de Copas revela que você pode precisar repensar suas prioridades. Se tiver muitas decisões difíceis a tomar, confie na sua intuição e nos seus instintos. Mantenha o foco e a determinação e, com fé e persistência, você será capaz de contornar o que não está bom e seguir em frente.

Oito de Copas

O Oito de Copas geralmente representa alguém que está vagando pelo mundo sem direção, sem nunca conseguir se estabelecer num lugar ou ficar com uma pessoa por muito tempo. Se algo está faltando na sua vida, é hora de sair em busca disso, mas primeiro você precisa enfrentar suas questões e seus problemas. Descubra o que está segurando você e a impedindo de encontrar o que precisa.

Invertida, a carta do Oito de Copas nos lembra de não pautar nossas escolhas nas necessidades e desejos dos outros. Priorize suas próprias emoções, o que lhe permitirá dar as boas-vindas a novas alegrias e seguir em direção ao sucesso. Seja cautelosa, porém. Um Oito de Copas invertido pode representar alguém tão focado na abundância material que perdeu de vista as bênçãos espirituais e emocionais.

Nove de Copas

O Nove de Copas é a carta a que os tarólogos costumam se referir como a "carta dos desejos". Se ela aparecer na sua leitura, isso pode ser sinal, por exemplo, de que você tem toda chance de realizar seu desejo e as coisas vão muito bem – você está exatamente onde precisa estar!

É hora de aproveitar a experiência de uma vida cheia de satisfação e bênçãos. Certifique-se de reconhecer essas bênçãos; a gratidão é uma parte crucial da abundância e pode levar a resultados ainda mais positivos.

O Nove de Copas invertido pode servir como uma carta de advertência. Evite ser muito complacente; você pode não estar dando valor aos seus relacionamentos e à sua família, e essa mentalidade pode causar prejuízos mais tarde. Não cometa exageros nem se deixe levar pelo impulso de fazer alguma coisa, só porque isso lhe parece ótimo na superfície.

Dez de Copas

O Dez de Copas é geralmente conhecido como a carta do "felizes para sempre". Ela simboliza o prazer que temos quando um relacionamento de longo prazo se fortalece e se aprofunda; representa paz e contentamento, felicidade, sonhos se tornando realidade e uma alegria durável. Os laços familiares e românticos são fortes e estáveis, e resistirão à prova do tempo.

Invertida, a carta do Dez de Copas pode revelar estresse no ambiente doméstico e ser prenúncio de um rompimento. As coisas acabarão dando certo, mas exigirão um pouco de paciência e concessões ocasionais. Essa carta também pode indicar uma traição de uma fonte inesperada. Será que você está colocando a mão no fogo por alguém que não merece a sua confiança?

Valete de Copas

Os valetes do tarô são considerados mensageiros e o Valete de Copas geralmente significa que alguém está tentando chamar a sua atenção – talvez em questões de amor ou em outros tipos de relacionamento. Ele pode representar um indivíduo atencioso e apaixonado ou alguém de espírito jovial. O Valete de Copas também pode significar uma mensagem sobre um acontecimento feliz relacionado à família ou um emocionante empreendimento criativo.

O Valete de Copas invertido é o irmão gêmeo imaturo dessa carta na posição normal. Uma pessoa pode querer que você repare nela, mas seus métodos nem sempre são os melhores. Essa carta também pode indicar estagnação, decepção, obstáculos ou notícias desagradáveis. Você pode se sentir sem leme, como se estivesse à deriva; o que pode fazer para encontrar uma nova direção?

Cavaleiro de Copas

O Cavaleiro de Copas é um sujeito honrado, mas não é um guerreiro; ele pode simbolizar alguém que sabe se defender, mas que não vai comprar uma briga. O Cavaleiro de Copas também pode representar uma paixão florescente, seja pela criatividade artística, seja por um novo amante. Essa é uma carta de ação, que nos lembra de arregaçar as mangas se quisermos realizar nossos sonhos.

Invertida, a carta do Cavaleiro de Copas é um alerta sobre pessoas que querem atenção apenas para atender às próprias necessidades. Às vezes, as pessoas entram na nossa vida sem boas intenções e o Cavaleiro de Copas aconselha cautela. Algum indivíduo entrou de repente na sua vida sem pedir licença? Fique atenta à realidade da situação, em vez de se deixar levar por ilusões.

Rainha de Copas

A Rainha de Copas é cativante, sensual, compreensiva e naturalmente atraente. Essa é uma carta de visão, gentileza, robustez, confiabilidade e força. Quando ela aparece, pode significar que as pessoas veem você como uma pessoa carinhosa e autêntica. Será que todo mundo quer fazê-la de confidente porque você é uma ótima ouvinte? A Rainha de Copas geralmente representa uma pessoa que sabe dar apoio às outras e oferecer boas soluções.

Invertida, a carta da Rainha de Copas indica alguém atormentado pela insegurança e pelas dúvidas com relação a si mesmo, e que usa as vulnerabilidades dos outros para obter ganhos pessoais. Há um sentimento de egoísmo, assim como de pouca confiabilidade e inconstância, mascarado de inteligência. Suas emoções estão fazendo você perder o controle?

Rei de Copas

A carta do Rei de Copas revela um indivíduo sociável e extrovertido, um tipo criativo que adora entreter os outros. Essa é uma carta de segurança, estabilidade e vida familiar já estabelecida, que também pode indicar um espírito generoso, um coração aberto e a disposição para assumir a responsabilidade pelos seus atos. O Rei de Copas costuma ser uma carta de artistas, músicos e buscadores espirituais, e representa a mescla ideal de emoção e razão.

Invertida, a carta do Rei de Copas mostra inseguranças profundas, relacionamentos tóxicos e até mesmo narcisismo. Pode haver crueldade e até traços abusivos sob a fachada de um temperamento equilibrado e racional. Busque sua força interior para evitar que outras pessoas se aproveitem de você do ponto de vista físico, financeiro ou emocional.

8
O Naipe de Espadas

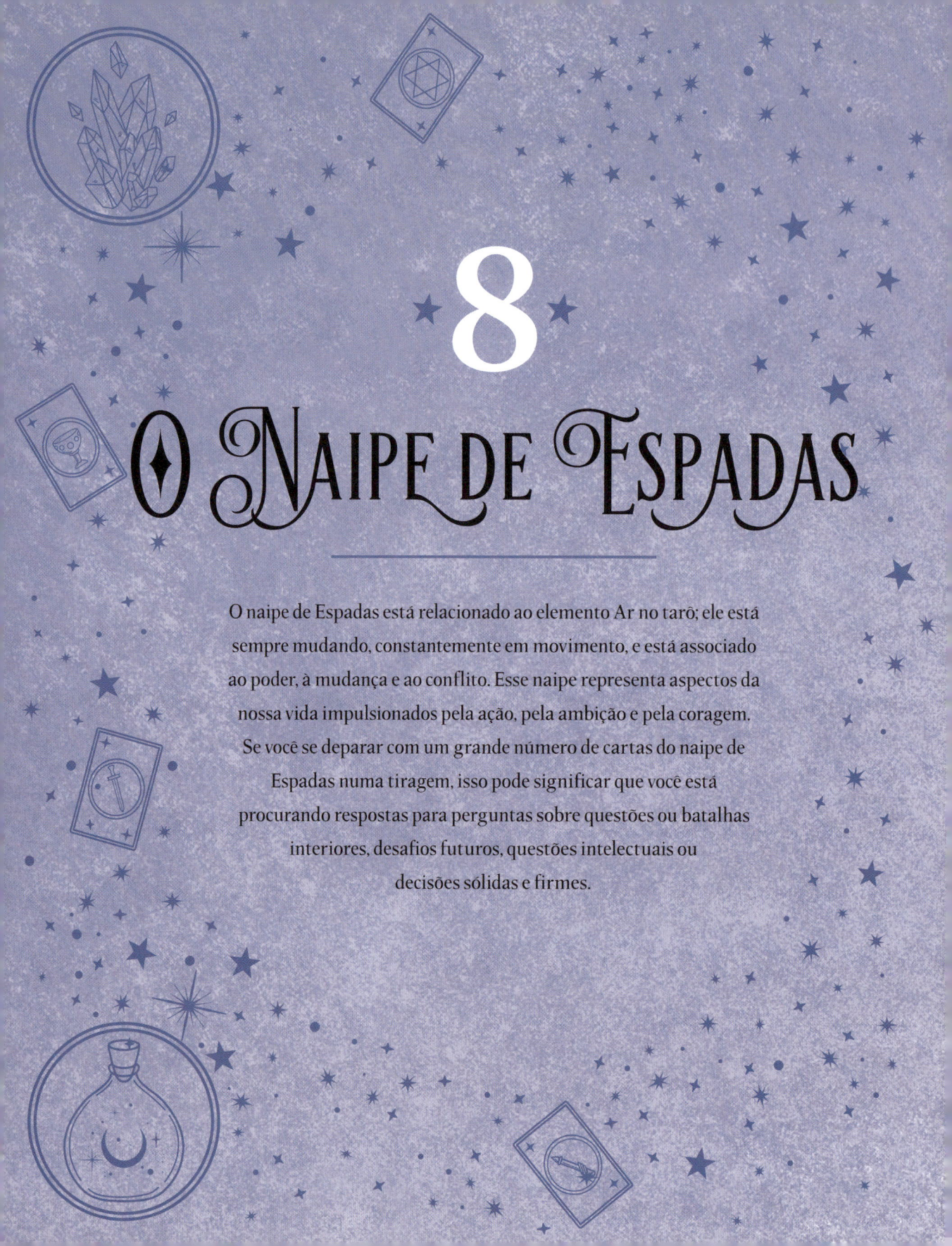

O naipe de Espadas está relacionado ao elemento Ar no tarô; ele está sempre mudando, constantemente em movimento, e está associado ao poder, à mudança e ao conflito. Esse naipe representa aspectos da nossa vida impulsionados pela ação, pela ambição e pela coragem. Se você se deparar com um grande número de cartas do naipe de Espadas numa tiragem, isso pode significar que você está procurando respostas para perguntas sobre questões ou batalhas interiores, desafios futuros, questões intelectuais ou decisões sólidas e firmes.

Ás/Um de Espadas

Quando o Ás de Espadas aparece, geralmente significa que a vitória é iminente. Seu sucesso não aconteceu por acaso, é algo que você conquistou com muito trabalho e dedicação. Agora você verá seus esforços serem recompensados, à medida que as lutas se transformarem em triunfo. Essa carta nos estimula a tentar coisas novas - afinal, se você já obteve sucesso uma vez, por que não se arriscar um pouco mais? Siga em frente com a mentalidade de que o fracasso não é uma opção.

Se a carta do Ás de Espadas aparecer invertida, você pode estar se esforçando demais e exagerando em sua busca pelo sucesso. É hora de descansar e relaxar; apenas deixe que os acontecimentos sigam seu curso. Se seus esforços envolvem outras pessoas, alguém vai se machucar se você continuar pressionando. Essa carta também pode ser um sinal de que outras pessoas podem estar impedindo você de alcançar seus objetivos. Reavalie a situação e descubra se o problema é realmente com outras pessoas ou simplesmente com o seu modo de ver as coisas.

Dois de Espadas

O Dois de Espadas pode representar alguém que ergueu uma barreira emocional como um mecanismo de defesa. Será que isso não está impedindo você de aproveitar todas as coisas boas que a vida lhe apresenta? Reflita se suas próprias barreiras a estão impedindo de avançar. Se você está procrastinando ou se recusando a ver o quadro geral, precisa tomar uma decisão ou nada vai mudar.

Quando invertida, a carta do Dois de Espadas geralmente revela superproteção, ou com relação a si mesmo ou a outras pessoas; nos dois casos isso pode causar um rompimento. Você está entre a cruz e a espada porque está sendo superprotetora? Aprenda a dar às pessoas o benefício da dúvida de vez em quando; você pode proteger aqueles que ama sem sufocá-los.

Três de Espadas

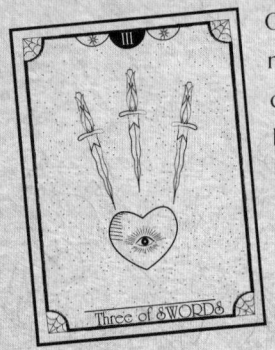

O Três de Espadas é geralmente uma carta de descontentamento, mágoa e decepção, muitas vezes associada a relacionamentos fracassados ou problemáticos. Você está vivendo um conflito, sem saber se deve continuar com uma pessoa ou não? Prepare-se para uma fase conturbada em seu mundo, mas lembre-se de que o sofrimento pode nos ajudar a crescer. Quando tirar essa carta, planeje avaliar seus relacionamentos e tomar decisões para melhorá-los.

Se o seu Três de Espadas aparecer invertido, significa que o seu caso tem salvação. Escolha suas palavras com sabedoria e lembre-se de que ouvir é tão importante quanto falar; você pode muito bem ser capaz de resolver essas disputas mesquinhas da melhor forma possível. Lembre-se de que, embora você não tenha controle sobre as palavras ou ações de outras pessoas, você tem poder sobre como vai reagir a elas.

Quatro de Espadas

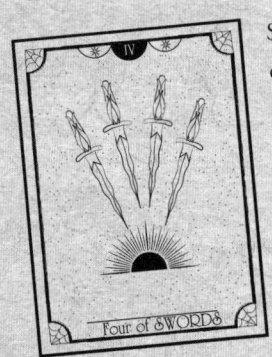

Se o Quatro de Espadas aparecer na sua leitura de tarô, é hora de se cuidar antes de sofrer um colapso nervoso. Como você pode usufruir dos frutos do seu trabalho se está sempre tão sobrecarregada? A exaustão emocional e física pode afetar as pessoas de muitas maneiras. Dê a si mesma uma pausa e se presenteie com tempo para recarregar as energias e se revitalizar; isso aumentará sua confiança e lhe dará uma nova perspectiva.

Invertida, a carta do Quatro de Espadas indica que você já passou da fase do colapso iminente; você está exaurida, esgotada e simplesmente sem energia nenhuma. Uma queda estrepitosa pode acontecer e, se você não restabelecer o equilíbrio, continuará frustrada. Encontre maneiras de acalmar seu crítico interior para que possa olhar para o futuro em vez de se debruçar sobre o passado.

Cinco de Espadas

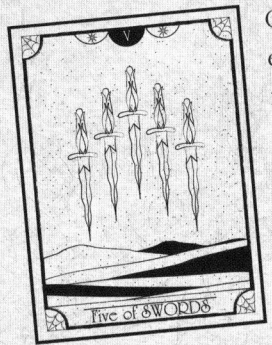

O Cinco de Espadas é normalmente visto como uma carta de conflito e muitas vezes aparece para nos informar sobre uma briga. É hora de fazer as pazes e assumir que ofendeu outra pessoa ou feriu seus sentimentos. Aprenda a escolher suas batalhas porque, às vezes, a vitória tem um preço muito alto. Essa carta também pode indicar uma traição iminente; você confia em todos que estão ao seu redor?

Invertida, a carta do Cinco de Espadas pode revelar alguém que não abre mão de uma discussão, mesmo quando é hora de seguir em frente. O debate acabou, vocês já expuseram seus argumentos e todos sabem a opinião dos outros. Agora é hora de parar de bater na mesma tecla; não se vanglorie de uma vitória nem guarde rancor por causa de uma derrota.

Seis de Espadas

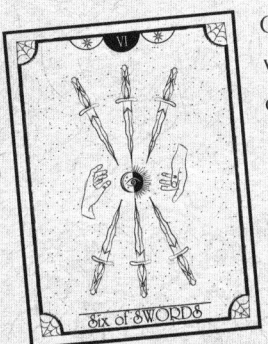

O Seis de Espadas é uma carta de transição, um indicador de que a vida está melhorando. Você sobreviveu a altos e baixos, e agora as coisas estão ficando mais estáveis. Não apenas sua situação está mais tranquila, como você também está se desenvolvendo como pessoa, o que a torna mais capaz de pensar em estratégias de enfrentamento para o futuro. Pode ser difícil se livrar de traumas e feridas do passado, mas, depois que você conseguir fazer isso, sua vida pessoal prosperará.

Se a carta do Seis de Espadas aparecer invertida, a vida pode estar melhorando, mas talvez não tão rápido quanto você gostaria. O que você pode fazer de diferente para acelerar as coisas? Tente não resistir tanto às mudanças. Existe alguém com quem você precise conversar ou uma ação que deva empreender para que as coisas se normalizem? Dê o primeiro passo, resolva seus negócios inacabados e faça o que precisa ser feito.

SETE DE ESPADAS

O Sete de Espadas normalmente indica decepção e traição. Alguém está sendo deliberadamente falso com você. Você confia em todos do seu círculo de amizade? Alguém está guardando segredos de você? Esteja esse engano na sua vida pessoal ou profissional, é crucial que você seja estratégica no modo como se comporta. Só porque os outros não são confiáveis não significa que você deva pagar na mesma moeda. Em vez disso, seja a melhor pessoa que pode ser e demonstre que tem caráter.

A carta do Sete de Espadas invertida indica que, se você se sente excluída ou desapontada, não é porque as outras pessoas estejam mal-intencionadas. Ninguém estava querendo ser cruel ou excluí-la deliberadamente; a pessoa simplesmente não pensou antes de agir. Não há nenhuma má intenção acontecendo aqui. Se você tem seus próprios segredos que está escondendo dos outros, é hora de confessar.

OITO DE ESPADAS

Você está com dificuldade para alcançar seus objetivos? O Oito de Espadas mostra que seu próprio medo do fracasso é o maior empecilho. Coisas novas podem ser assustadoras (afinal, a ideia de não ter sucesso apavora alguns de nós), mas, se você nunca der o primeiro passo, nunca saberá o que a espera. Aceite o risco, pare de pensar demais nas coisas e faça acontecer! Não culpe outras pessoas por sua falta de progresso; cabe a você fazer o trabalho.

A carta do Oito de Espadas invertida indica que você terá progresso se aprender a lidar com suas próprias preocupações e dúvidas. Baixa autoestima e crenças negativas sobre o seu próprio valor podem atrapalhá-la. À medida que você aprender a ficar menos frustrada com as deficiências das outras pessoas, também descobrirá maneiras de celebrar mais seus sucessos e aceitar que merece ser feliz.

Nove de Espadas

O Nove de Espadas é muitas vezes associado a problemas de saúde mental ou a uma grande tristeza e pesar. Se você não tem com quem conversar sobre o que está causando essa dor, precisa encontrar alguém agora. Um fardo compartilhado é um pouco mais fácil de carregar, e a ajuda a obter apoio. Converse com um amigo ou familiar de confiança para não ter que lidar com tudo sozinha.

Invertida, a carta do Nove de Espadas é muito semelhante a essa carta na posição normal, pois indica a necessidade de procurar ajuda quando você está no fundo do poço. No entanto, um Nove de Espadas invertido é mais forte e significa que você pode precisar de um nível profissional de intervenção. Não tenha medo de pedir auxílio para voltar aos trilhos; se você está pensando em ferir a si mesma ou outras pessoas, peça ajuda imediatamente.

Dez de Espadas

O Dez de Espadas pode ser um presságio de luto. Algo está chegando ao fim, seja um relacionamento rompido, a morte de um ente querido ou a perda de algo profundamente importante para você. Muitas vezes, essa é uma carta de mágoa e tristeza, em parte pela própria perda e em parte pela percepção de que as coisas acabaram. Também pode servir como um lembrete de que, antes das horas mais escuras da noite, o sol sempre nasce; quando você está no fundo do poço, a única opção é para cima, mas é provável que essa subida doa um pouco.

Você consegue ser otimista mesmo nos períodos mais difíceis? Quando você vê um Dez de Espadas invertido, ele nos mostra que há uma luz no fim do túnel. Olhe ao seu redor e descubra como você pode enfrentar a situação, libertando-se da mágoa e encontrando um renovado senso de propósito e esperança.

Valete de Espadas

O Valete de Espadas serve como um mensageiro vigoroso, dizendo para você descobrir o que é mais importante em sua vida. Onde estão sua paixão e entusiasmo e como você pode canalizá-los para um projeto novo e gratificante? Depois de decidir onde está seu talento, compartilhe seu entusiasmo e empolgação com outras pessoas.

A carta do Valete de Espadas invertida também é de um mensageiro, mas desta vez ele traz notícias menos agradáveis. Pode indicar decisões precipitadas, falta de comprometimento ou até mesmo um impostor que afirma saber mais do que realmente sabe. Existe alguém em sua vida tomando decisões imaturas, insensatas ou desinformadas? Nesse caso, evite essa pessoa – quando ela se der mal, vai levá-la para o buraco junto com ela.

Cavaleiro de Espadas

O Cavaleiro de Espadas está associado ao cavalheirismo e simboliza lealdade, determinação e fortes convicções. Essa é uma carta de motivação e ação assertiva, em vez de reação, mas também serve como um lembrete de que as decisões espontâneas precisam ser equilibradas com premeditação e planejamento. Essa carta também pode indicar que precisamos estar atentos à verdade, mesmo quando não gostamos do que vemos.

A carta do Cavaleiro de Espadas invertida nos adverte de que podemos nos frustrar quando ficamos excessivamente envolvidas numa situação. Você fica tão animada com a variedade de coisas que acontecem na sua vida que não consegue se concentrar o suficiente para concluir uma só tarefa. Cuidado para não ferir os sentimentos dos outros. Será que sua paixão por algo novo não está fazendo as pessoas ao seu redor se sentirem abandonadas?

Rainha de Espadas

A Rainha de Espadas indica opiniões equilibradas e decisões justas, e muitas vezes representa alguém que é respeitado, mas não necessariamente acessível. Você está afastando as pessoas, ao passar a imagem de que se considera muito acima das outras pessoas? Outros podem gostar de você e admirá-la, mas também considerá-la intimidadora por causa da sua atitude séria e do costume que tem de sempre ir direto ao ponto.

Quando você tira essa carta invertida, a Rainha de Espadas pode representar um comportamento crítico e tacanho, e talvez até um pouco maliciosa. Pode ser alguém que se recuse a ouvir novas ideias por causa da sua própria inflexibilidade – em outras palavras, alguém que adere à tradição pela tradição. Aprenda a ser mais objetiva em relação à situação que está vivendo.

Rei de Espadas

O Rei de Espadas é uma carta de autoridade e intelecto; também simboliza verdade, justiça e honra. Esse rei muitas vezes representa alguém com cujo conhecimento e sabedoria você pode aprender – procure orientação com base em fatos e dados, não em sentimentos ou emoções. Essa carta pode representar os especialistas no assunto; os consultores profissionais, que não têm envolvimento pessoal na sua situação, geralmente são os melhores para dar conselhos objetivos.

A carta do Rei de Espadas invertida pode mostrar falta de flexibilidade e abuso ocasional do poder. Ela pode refletir uma pessoa que parece dura ou crítica devido à sua incapacidade de ser tolerante com pessoas ou conceitos novos. Você está dando aos outros uma chance justa de se comunicarem com você ou está rejeitando automaticamente as ideias alheias só porque não são suas?

9
O Naipe de Paus

Associadas ao elemento Fogo, as cartas do naipe de Paus são cheias de paixão e energia bruta. Esse é o naipe da criação e da destruição, e está associado à vontade humana, aos nossos desejos e nossas ambições, e a nossa energia e nosso ego. Paus representa aspectos da nossa vida motivados por nossas conquistas e determinação e movidos por pensamentos e ideias. Se você encontrar um grande número de cartas de Paus em sua tiragem, isso pode significar que o universo está tentando falar sobre sua energia, paixão, motivação, comunicação e objetivos de vida.

Ás/Um de Paus

Quando o Ás de Paus aparece, geralmente é um sinal de novos começos e novas energias. Seus instintos estão lhe dizendo que é hora de enfrentar um novo desafio ou oportunidade? Siga sua intuição, porque essa é uma carta de novas aventuras. Mas toda jornada começa com um único passo. Mapeie seu caminho e veja aonde a estrada a levará.

Quando a carta do Ás de Paus aparece invertida, pode ser um sinal de que seus grandes planos podem sofrer um atraso, mas será apenas temporário. Se for esse o caso, não entre em pânico; deixe as coisas paradas por um tempo, enquanto você descobre o que realmente a impulsiona, e é muito mais provável que você tenha sucesso.

Dois de Paus

Quando o Dois de Paus aparece, pode indicar o desenvolvimento de novas parcerias e relacionamentos, e isso provavelmente beneficiará todos os envolvidos. Essa carta em geral está relacionada à sua carreira ou aos seus negócios, não a relacionamentos românticos, sociais ou familiares. Você está pensando em pleitear uma promoção ou continuar seus estudos? É hora de pensar seriamente em quais são as suas opções para o futuro.

Quando a carta do Dois de Paus está invertida, ela pode estar nos mostrando que já estamos em compasso de espera há tempo demais. Pare de esperar que as oportunidades venham bater à sua porta e saia à procura delas. O movimento proativo, em vez de reativo, será benéfico para você. Seja mais assertiva sem ser agressiva; caso contrário, todas as suas grandes ideias nunca passarão de desejos não realizados. Não tenha medo de desafiar o desconhecido.

Três de Paus

O Três de Paus é uma carta de sucesso. Pense em tudo em que você investiu sua dedicação, seu tempo e sua energia. O Três de Paus diz que seu navio está prestes a atracar, porque o esforço e a diligência colhem suas próprias recompensas. Permaneça com a mira no alvo, mas saia de sua esfera normal de conforto, se necessário. Não há problema em se orgulhar de suas realizações e, se parte do seu sucesso se deve a trabalhos de outros, certifique-se de reconhecer o esforço dessas pessoas e dividir com elas os elogios. Dê crédito às suas parcerias colaborativas.

Quando a carta do Três de Paus aparece invertida, isso é uma indicação de que você está um pouco estagnada, porque está priorizando a segurança da família em vez de arriscar uma mudança. Mantenha-se motivada, concentre-se e mexa-se, e você verá a transformação ao definir metas e se tornar mais proativa. Seja cautelosa, no entanto; nem todo mundo que se oferece para ajudá-la só está pensando em beneficiá-la.

Quatro de Paus

Quando o Quatro de Paus aparece no tarô, é hora de comemorar! Você tem o direito de sentir alegria e felicidade. Você merece porque é uma conquista sua e você está nos tempos das vacas gordas. Não desvalorize as coisas que você alcançou ou está prestes a alcançar. Se você está à beira de um esgotamento, respire fundo e descanse um pouco; isso a ajudará a encontrar equilíbrio e segurança a longo prazo.

Uma carta do Quatro de Paus invertida pode representar letargia e indiferença geral; se você estiver realmente se sentindo apática, procure alguns amigos. Essa carta pode revelar incerteza sobre o que o futuro lhe reserva. Se você está prestes a enfrentar grandes mudanças na vida (trocar de emprego, terminar ou iniciar um relacionamento, comprar uma casa), perceba que uma sensação de medo e ansiedade é uma reação normal.

Cinco de Paus

Se o Cinco de Paus aparecer na sua tiragem, isso significa que você precisa tomar providências para acabar com a discórdia e os desentendimentos. Coloque tudo em pratos limpos e seja sincera sobre o que está sentindo. O Cinco de Paus nos lembra de que devemos ser autênticas se quisermos acabar com conflitos, tanto com os outros quanto com nós mesmas. Lembre-se de que a competição às vezes pode ser saudável, desde que seja respeitosa; seja receptiva com relação às opiniões e ideias alheias.

Invertida, a carta do Cinco de Paus indica alguém que evita conflitos. Há uma discussão que está se arrastando há anos? Isso é porque você vive mudando de opinião ou se recusa a se manter firme e se comprometer com o que acredita. O compromisso e a vontade de aprender e crescer são válidos, mas se recusar a tomar partido pode alienar e irritar as pessoas ao seu redor.

Seis de Paus

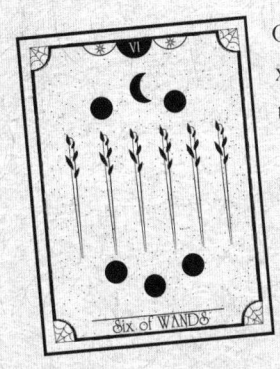

Quando o Seis de Paus aparece, isso é sinal de que o sucesso está próximo - e há mais do que satisfação pessoal pelas suas realizações. Há também o reconhecimento público. Outros reconhecerão suas contribuições e ajudarão a celebrar seu trabalho árduo; portanto, receba o crédito quando for devido e não subestime seus esforços. Ainda haverá desafios pela frente, mas você já passou pela parte mais difícil e tem uma equipe de apoio para ajudar se preciso.

Se a carta do Seis de Paus aparecer invertida, você ainda pode obter uma vitória, mas ela pode ter um sabor agridoce. Nesse caso, o sucesso pode ter suas desvantagens. Você ficou com os créditos de outra pessoa ou recebeu elogios que na realidade não mereceu? Você está preocupada com a possibilidade de que os outros vejam como presunção e vanglória o orgulho que sente das suas realizações?

Sete de Paus

O Sete de Paus alerta que a competição está prestes a ficar mais acirrada e você precisará estar preparada. Reúna sua força interior se quiser sair vitoriosa, porque enfrentará pessoas com muita força interior. Tenha um plano B para o caso de as coisas não saírem conforme o esperado. Para ser uma líder eficaz, siga as regras, mas dê tudo de si. Fique de olho na competição porque nem todos jogam limpo.

A carta do Sete de Paus invertida nos lembra de que a dúvida muitas vezes pode sabotar nossos esforços. Essa carta serve como um aviso de que nosso senso de inadequação pode causar nosso fracasso na vida pessoal e profissional. Trabalhe para desenvolver sua autoconfiança antes de se sentir ameaçada ou você pode acabar sendo sua pior inimiga.

Oito de Paus

Alegre-se quando o Oito de Paus se apresentar: essa é uma carta de revitalização e paixão! Tudo está prestes a avançar a todo vapor; o Oito de Paus é uma carta de sucesso em todos os aspectos, seja em sua carreira, objetivos criativos ou até mesmo em sua vida sexual. Essa carta representa avanço, excitação e movimento rápido.

Quando a carta do Oito de Paus está invertida, isso é sinal de que as coisas podem perder impulso de repente. A estagnação e a indecisão - talvez até o ciúme - vão detê-la e nada vai progredir. Se você realmente deseja provocar mudanças, é melhor reavaliar a situação e sua reação a ela. Adote uma abordagem holística, concentrando-se nas necessidades da sua mente, do seu corpo e do seu espírito, e as coisas começarão a mudar a seu favor.

Nove de Paus

Se surgir um Nove de Paus em sua tiragem, você pode estar lidando bem com a adversidade, mas provavelmente está vendo tudo com ceticismo. Pare de deixar a dúvida ofuscar seus sucessos. Os questionamentos fazem parte da vida, mas não deixe que isso a impeça de seguir em frente. Tenha resiliência e continue avançando em sua jornada, mesmo quando os outros tentarem levá-la para o caminho errado.

Invertida, a carta do Nove de Paus nos diz que as suspeitas que você teve o tempo todo podem, de fato, ter fundamento. Você tem dúvidas sobre algo ou alguém? Provavelmente está certa. Agora que sabe o que realmente está acontecendo, planeje sua resposta de forma cuidadosa e estratégica. Essa carta também pode indicar que você está se sentindo sobrecarregada; não comece mais projetos até terminar os que já estão em andamento.

Dez de Paus

O Dez de Paus geralmente aparece como uma palavra de cautela: é um aviso para não dar passos maiores do que a sua perna. Você pode se sentir física e mentalmente exausta se assumir responsabilidades e tarefas demais, especialmente se forem de outras pessoas. Aprenda a delegar ou você nunca vai conseguir ter uma rotina tranquila.

Invertida, a carta do Dez de Paus nos lembra de deixar o passado para trás - e isso inclui toda a bagagem emocional que você vem arrastando. Depois que todas as coisas estiverem em seus lugares, dê uma pausa para si mesma (e aos outros), se necessário. O Dez de Paus invertido também pode ser um sinal de que haverá alguma perda no futuro. Que coisas ou pessoas estão saindo da sua vida?

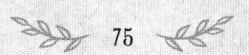

Valete de Paus

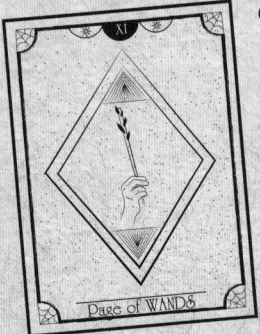

Como os outros Valetes, o Valete de Paus é uma carta mensageira e geralmente significa que boas notícias estão a caminho - oportunidades não vão faltar! Essa carta também significa que a verdade logo se revelará. Se você está preocupada com algum engano, agora é hora de descobrir a verdade. Você pode se surpreender - ou até mesmo se sentir aliviada - com o que vai descobrir.

A carta do Valete de Paus invertida também nos diz que as notícias estão a caminho, mas desta vez serão notícias de uma fonte inesperada. Certifique-se de examinar a veracidade das informações recebidas e reflita sobre a pessoa que as transmitiu; ela tem algo a ganhar contando isso a você?

Cavaleiro de Paus

Como todos os Cavaleiros do tarô, o Cavaleiro de Paus é nobre e cortês, mas essa carta indica alguém que está em meio a uma busca espiritual e precisa descobrir a verdade por conta própria, sem as maquinações de outras pessoas. Essa é uma carta de coragem, riscos a serem assumidos e conclusões imparciais. Certifique-se de ter todas as informações necessárias antes de prosseguir.

Invertida, a carta do Cavaleiro de Paus nos adverte contra sermos muito extremos em nossas paixões; isso pode levar à frustração e a um comportamento temperamental. Essa carta nos aconselha a reconhecer nossos erros e pedir desculpas àqueles a quem prejudicamos. Aprenda a ser menos impulsiva e mais reflexiva.

Rainha de Paus

A Rainha de Paus é uma carta de inspiração e energia e pode simbolizar alguém que faz com que todos se sintam bem-vindos, queridos e valorizados. Essa rainha é alguém que nunca se sente superior insultando ou menosprezando os outros. Ela representa a bondade, a generosidade e a compaixão genuína pelo resto do mundo.

Invertida, a carta da Rainha de Paus ainda é extrovertida e social, mas muito mais manipuladora. Pode ser uma pessoa cujas interações com os outros se baseiem nos benefícios que pode obter; se ela não consegue nada de você, não vai fazer questão de interagir. Cuidado com as pessoas que parecem amigáveis, mas sem escrúpulos por baixo da superfície.

Rei de Paus

O Rei de Paus pode representar uma pessoa com uma personalidade poderosa e dominante, mas que, ainda assim, continua sendo amigável e imparcial. Essa pessoa é aberta e sociável, mas, mais importante, é de fato autêntica em suas interações com os outros. Muitas vezes uma carta de líderes, ela pode refletir alguém que é visionário e excelente em inspirar outras pessoas a trabalharem juntas por um objetivo comum.

A carta do Rei de Paus invertida mostra alguém que não sabe lidar com as pessoas. Pode ser alguém habilidoso em seu trabalho, mas que não consegue entender as dicas sociais e mensagens não verbais das outras pessoas. Esse tipo de indivíduo pode ser muito bem-sucedido, desde que seu avanço seja baseado no próprio mérito, e não na interação com colegas de equipe ou colaboradores. Observe para ter certeza de que você não está sendo muito agressiva na maneira como lida com seus contatos; lidere pelo exemplo, não dando ordens.

10
O Naipe de Ouros

As cartas do naipe de Ouros (às vezes, chamado de Pentáculos ou Moedas) estão ligadas ao elemento Terra e a toda a estabilidade, segurança e abundância que o acompanham. Essas cartas refletem a nossa necessidade de equilibrar o desenvolvimento espiritual com as posses materiais, e estão associadas ao ego e à autoestima. O naipe de Ouros geralmente é movido pela autoimagem. Ele tem tudo a ver com praticidade, generosidade e progresso da nossa vida até onde desejamos chegar. Quando uma tiragem apresenta muitas cartas de Ouros, isso pode significar que você busca soluções para situações relacionadas ao seu bem-estar financeiro, bens materiais e segurança física.

Ás/Um de Ouros

Quando o Ás de Ouros aparece, é sinal de que a prosperidade surge no horizonte, mas que não será entregue a você de bandeja. Você terá que trabalhar para conquistá-la, pois cabe a você aproveitar a oportunidade quando ela se apresentar. Essa carta pode significar o início de uma nova fase de vacas gordas, seja na forma de um emprego ou de uma oportunidade de investimento. Lembre-se de que aquele dinheiro que você ganhou com o suor do seu rosto pode ser gasto com tanta rapidez quanto o dinheiro vindo de fontes inesperadas. Além disso, existem muitas interpretações diferentes do que significa "abundância"; ela pode não ser financeira, e mesmo assim trazer realização.

Quando a carta do Ás de Ouros está invertida, ela pode refletir um incentivo falso, especialmente relacionado à sua carreira ou situação financeira. Faça sua lição de casa e reconheça que nem todas as oportunidades financeiras são benéficas no longo prazo. Fique atento às pessoas cujas propostas de investimento são mal-intencionadas e certifique-se de ter uma reserva de emergência para possíveis contratempos financeiros.

Dois de Ouros

Como muitos Dois no tarô, o Dois de Ouros pode ser uma carta de escolhas. Muitas vezes indica alguém que está fazendo malabarismos para conciliar muitos aspectos diferentes da vida, mas se dando muito bem! Porém, certifique-se de não exagerar nem se esforçar demais. Diminua um pouco o ritmo para que possa priorizar suas responsabilidades. Cuidado para não começar a "despir um santo para vestir outro", quando se trata de suas obrigações financeiras.

Quando invertida, essa carta avisa que você pode se encontrar numa situação que está fora do seu controle e que pode impedi-la de manter o equilíbrio. Certifique-se de não perder tempo tentando apresentar aos outros uma imagem falsa de uma vida perfeita, se você mal consegue manter o controle dos seus gastos. Organize-se e estabeleça limites e prioridades claras para o seu orçamento e obrigações financeiras.

Três de Ouros

O Três de Ouros é um sinal de que devemos colaborar com os outros se quisermos obter grandes resultados. Essa carta nos mostra que, à medida que implementamos nossos planos, podemos realizar o que nos propusemos se todos trabalharmos juntos como uma equipe. É uma carta de encorajamento, refletindo o ganho material que teremos se planejarmos com antecedência e delegarmos tarefas com base nas habilidades e nos conhecimentos de cada membro da equipe.

Se a carta do Três de Ouros aparece invertida, você pode estar enfrentando dificuldades para terminar o que começou porque há desarmonia ou egoísmo em sua equipe. Todos estão tão preocupados com as próprias necessidades e estão ignorando o bem maior do grupo. Encontrar um caminho para garantir que as contribuições de todos sejam valorizadas e incentive o respeito e a justiça na equipe.

Quatro de Ouros

Se o Quatro de Ouros aparecer, há ganho material e recompensas, mas também um pouco de avareza e ganância. Será que você está tão focada em acumular bens materiais e ter mais abundância que se afastou de pessoas que são importantes para você? Comece a pensar em como você pode compartilhar seus ganhos com quem está à sua volta; aprenda a arte da generosidade e determine que tipo de legado você deseja deixar para trás.

A carta do Quatro de Ouros invertida pode indicar uma perda do seu poder de compra. Seus gastos estão tão fora de controle que você não consegue pagar as contas? Comprar coisas nem sempre traz felicidade. Na verdade, pode trazer mais problemas, caso a deixe sem recursos. Em alguns casos, essa carta indica alguém que percebeu que as coisas materiais não são mais tão importantes. Uma redução nas posses, depois disso, fará parte da redefinição da sua relação com o dinheiro.

Cinco de Ouros

Se o Cinco de Ouros aparecer, cuidado com perdas financeiras devastadoras; a perda de um emprego ou mesmo de uma casa causa falta de segurança no futuro. Nesse caso, tendemos a cultivar uma mentalidade de escassez e nos concentramos tanto no que não temos que não conseguimos pensar nas coisas de que precisamos ou queremos. Essa é uma carta da solidão provocada pela miséria, uma noite escura da alma.

O Cinco de Ouros invertido nos mostra que os tempos difíceis estão chegando ao fim. Pode surgir uma instituição de caridade disposta a ajudar ou amigos solícitos ou até mesmo um novo emprego, permitindo que você se recupere. É uma carta de esperança, mostrando-nos que a vida realmente vale a pena e que nossa felicidade não é definida pelo tamanho da nossa conta bancária. Em muitos casos, ela pode levar a um interesse renovado em nosso crescimento e desenvolvimento espiritual.

Seis de Ouros

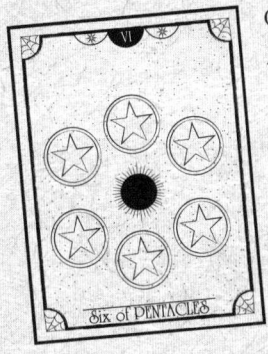

O Seis de Ouros é um lembrete de que doar aos outros nos faz bem. A doação não precisa ser financeira, porque nosso tempo e energia podem ter tanto valor quanto nosso dinheiro. O hábito da caridade é espiritualmente gratificante, especialmente quando você sabe que cada contribuição que você dá pode fazer uma grande diferença na vida de outra pessoa. Essa também é uma carta de gratidão; além de dar generosamente, aprenda a receber com gratidão e demonstre essa gratidão também por aqueles que a ajudaram quando você estava por baixo.

Quando a carta do Seis de Ouros aparece invertida, ela nos diz para dar a nós mesmos se precisarmos, principalmente se estivermos dando espontaneamente aos outros. Cuidado com os presentes que são dados a você com condições; eles não são presentes de fato, pois as pessoas que os dão podem estar se aproveitando da sua bondade. Proteja seu patrimônio evitando o acréscimo de novas dívidas ou compromissos financeiros.

Sete de Ouros

Se você tirar um Sete de Ouros, essa é uma indicação de que é hora de colher o que plantou. Essa é uma carta de planejamento para o futuro, de modo que possa aproveitar os benefícios no longo prazo. Mas, lembre-se, às vezes a vida é uma maratona, não uma corrida de cem metros. Dê um passo para trás e faça uma pausa por um instante, analise o quadro todo e perceba que o sucesso pode estar despontando no horizonte se permanecer focada na tarefa que tem em mãos. Não há problema nenhum em fazer uma pausa para tomar fôlego de vez em quando, se for preciso.

A carta do Sete de Ouros invertida pode refletir impaciência; claro, você tem trabalhado duro, mas quando esse trabalho vai trazer recompensas? Pergunte a si mesma se está canalizando sua energia no empreendimento certo – se não houver retorno sobre o investimento, talvez seja o caso de desistir. Seu trabalho está deixando você preocupada e com raiva? Não há problema nenhum em admitir se descobrir que precisa mudar de curso para ter sucesso.

Oito de Ouros

O Oito de Ouros costuma ser uma carta de crescimento e conhecimento. Embora possa haver um empreendimento lucrativo no futuro, você precisará investir toda a sua energia se quiser aprender as habilidades necessárias para concretizar seu objetivo. Se você mudou recentemente de emprego, voltou para a escola ou passou por uma mudança no seu orçamento financeiro, é hora de se concentrar e se tornar um mestre em seu campo.

A carta do Oito de Ouros invertida indica alguém tão focado nas melhorias e na busca pela perfeição que seus objetivos acabam se tornando irrealistas e inatingíveis. Pare de se preocupar com detalhes insignificantes e volte a olhar para o quadro todo. A vaidade e as expectativas altas demais a impedirão de realizar suas ambições, além de diminuir sua capacidade de adaptação e obstruir seu crescimento nos aspectos em que mais precisa.

Nove de Ouros

O Nove de Ouros representa realização. Ele nos mostra que conquistamos a sabedoria de que precisávamos para desfrutar dos nossos sucessos, bem como a segurança material para ter uma vida segura e feliz. Depois de estabelecer uma base estável para o nosso bem-estar material, podemos nos sentar, respirar e nos divertir! O Nove de Ouros geralmente revela alguém que superou os desafios, se reconstruiu após um desastre e está perfeitamente satisfeito com a solidão. Essa carta nos lembra da diferença entre estar feliz sozinho e se sentir infeliz e solitário.

A carta do Nove de Ouros invertida geralmente indica que, embora você possa estar trabalhando duro, esse trabalho pode não ser para o seu próprio benefício. Será que não existem outras pessoas tirando vantagem de você ou roubando todo o crédito por seus esforços? Você merece aproveitar os frutos do seu trabalho, então cuidado com as pessoas que a manipulam para seu ganho pessoal. Essa carta também pode indicar alguém que vive além de suas possibilidades na esperança de ter mais status social. Pare de gastar dinheiro que você não tem apenas para impressionar os vizinhos ou ganhar influência.

Dez de Ouros

Em muitas tradições do tarô, o Dez de Ouros celebra nossas conquistas, sejam elas relacionadas ao trabalho, sejam investimentos ou outros assuntos materiais. O trabalho árduo criou uma sensação de permanência e um futuro sustentável. Essa é uma carta de família - não apenas em relação aos relacionamentos que criamos e mantemos, mas também em relação à capacidade que temos de prover aqueles que amamos. O Dez de Ouros está associado ao sucesso a longo prazo e a lares felizes e estáveis.

Invertida, a carta do Dez de Ouros nos adverte sobre infortúnios, muitas vezes relacionados à família e às finanças. Quando nos cercamos de coisas materiais - especialmente se fazemos isso para impressionar os outros -, podemos acabar insatisfeitos com o que temos. Não se envolva em projetos de alto risco se isso pode significar uma ameaça para a segurança da sua família.

Valete de Ouros

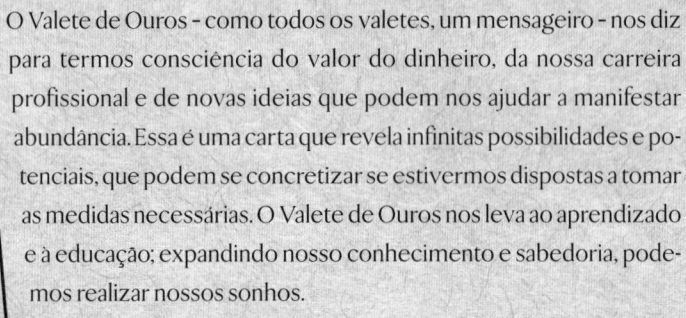

O Valete de Ouros – como todos os valetes, um mensageiro – nos diz para termos consciência do valor do dinheiro, da nossa carreira profissional e de novas ideias que podem nos ajudar a manifestar abundância. Essa é uma carta que revela infinitas possibilidades e potenciais, que podem se concretizar se estivermos dispostas a tomar as medidas necessárias. O Valete de Ouros nos leva ao aprendizado e à educação; expandindo nosso conhecimento e sabedoria, podemos realizar nossos sonhos.

A carta do Valete de Ouros invertida aponta para alguém que investe demais nos aspectos materiais da vida. Embora possa haver novos projetos ou ideias no horizonte, você não poderá colocá-los em prática, porque perdeu de vista toda inspiração e a intenção devido a um foco exagerado no material.

Cavaleiro de Ouros

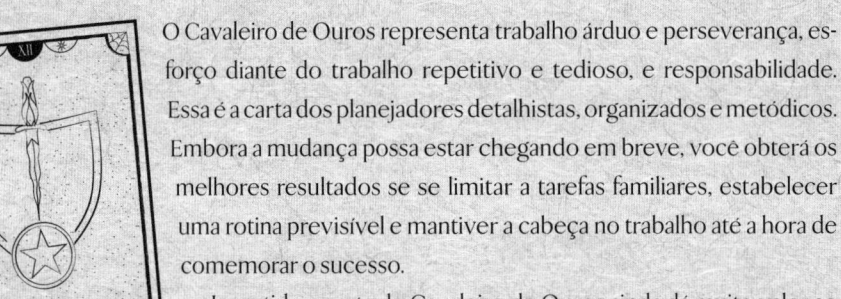

O Cavaleiro de Ouros representa trabalho árduo e perseverança, esforço diante do trabalho repetitivo e tedioso, e responsabilidade. Essa é a carta dos planejadores detalhistas, organizados e metódicos. Embora a mudança possa estar chegando em breve, você obterá os melhores resultados se se limitar a tarefas familiares, estabelecer uma rotina previsível e mantiver a cabeça no trabalho até a hora de comemorar o sucesso.

Invertida, a carta do Cavaleiro de Ouros ainda dá muito valor ao planejamento e à rotina, mas a tal ponto que o progresso nunca acontece. A estagnação não faz você avançar, então experimente novas ideias para ver se obtém melhores resultados. Essa carta também nos lembra de não ter expectativas irrealistas com relação às outras pessoas se quisermos a ajuda delas para alcançar nossos objetivos. Quando tudo estiver concluído, elas vão se lembrar de como você as tratou e podem ser menos solícitas no futuro.

Rainha de Ouros

A Rainha de Ouros significa uma mescla entre a estabilidade da vida doméstica e a segurança do trabalho árduo e do esforço. Ela pode representar alguém que consegue equilibrar as necessidades práticas do trabalho com as necessidades emocionais da família. Um arquétipo frequentemente associado a pais que trabalham, a Rainha de Ouros é uma carta de generosidade e abundância, mas também do uso sábio e produtivo de talentos e habilidades.

Quando invertida, a carta da Rainha de Ouros pode revelar negligência nos deveres - seja no trabalho, em casa, seja em ambos. Você está colocando muita atenção numa área em detrimento da outra, ou dependendo de outras pessoas para preencher as lacunas que você mesma criou? A consciência dessa falta de equilíbrio faz com que você tenha uma sensação de fracasso ou de que não é boa o suficiente como mãe, sócia, funcionária etc.? Comunique-se com quem compartilha essa responsabilidade com você e procure restaurar a harmonia.

Rei de Ouros

Como a Rainha de Ouros, o Rei de Ouros representa alguém que é um provedor fiel e dedicado não apenas de bens materiais, mas também de estabilidade familiar. Essa carta pode simbolizar alguém a quem os outros pedem conselhos. Procure uma pessoa confiável e estável, mas que também possa tomar decisões financeiras sólidas e bem informadas.

Invertida, a carta do Rei de Ouros pode ser um sinal de que nos tornamos parcimoniosos e irresponsáveis com nossas finanças e recursos. Ele pode representar uma pessoa tão preocupada com seu status social que comete erros financeiros significativos, levando à ruína sua família. Essa carta sugere que você deve examinar com atenção seu relacionamento com o dinheiro e com a prosperidade. Pergunte a si mesma se você está vivendo com uma mentalidade de abundância ou de escassez. Seja cautelosa com aqueles que tirariam vantagem da sua situação financeira para obter ganhos próprios.

11
Tiragens Simples

Se você quiser ler o tarô para fins de adivinhação, saiba que as possibilidades de tiragem são praticamente infinitas. Esteja lendo as cartas para si mesma ou para outras pessoas, logo você descobrirá que se identifica mais com algumas tiragens do que com outras — e tudo bem! A tiragem é o padrão no qual as cartas são posicionadas e a posição de cada uma delas tem um significado divinatório. As cartas que compõem a tiragem irão guiá-la em seu processo, enquanto você avalia seus significados e determina quais serão os possíveis resultados futuros.

É importante observar que as tiragens mostradas aqui são as que eu mesma uso há décadas, porque são as que mais funcionam para mim. Se você achar que precisa ajustá-las ou alterá-las, ou mudar os significados das cartas ou suas posições, faça isso! A chave é manter a coerência a cada seção e não mudar os significados no meio da leitura para se adequar ao que você espera ver acontecer.

Ao iniciar a leitura, comece embaralhando bem as cartas. Ao virá-las, coloque cada uma na sua posição, de acordo com a tiragem que escolheu. Se você tiver uma pergunta específica que gostaria de ver respondida, pense nela enquanto distribui as cartas. Você também pode fazer uma leitura mais genérica, só para ter uma noção do que está acontecendo na sua vida no momento, sem se concentrar em nenhum problema específico. Muitas vezes, as cartas respondem à pergunta que você deveria ter feito, em vez da que você de fato formulou. Por fim, é você quem decide abrir todas as cartas imediatamente, ao posicioná-las, ou abrir uma de cada vez à medida que as lê. Use o método que fizer mais sentido para você.

Tiragem de três cartas

Se você é uma iniciante no tarô ou alguém que já está praticando há algum tempo, mas que prefere uma tiragem simples, experimente essa tiragem de três cartas. Posicione as três cartas da esquerda para a direita, lado a lado. A primeira é designada Carta 1 e representa as influências passadas. A segunda, a Carta 2, deve estar no centro e simboliza a situação atual. Por fim, a Carta 3, a última, mostra possíveis resultados futuros.

Você pode modificar essa tiragem para atender às suas próprias necessidades, atribuindo diferentes significados às três cartas, como Situação/Obstáculo/Conselho ou Ideia/Processo/Resultados. Se quiser adaptar a tiragem para um tópico específico, você pode alterar os significados das três cartas para Você/Parceiro/Relacionamento, caso precise de uma resposta para uma questão amorosa, ou Mente/Corpo/Espírito, para uma leitura sobre bem-estar. Em outras palavras, essa tiragem funciona para qualquer pergunta composta de três partes.

CARTA 1: INFLUÊNCIAS PASSADAS

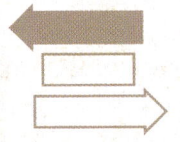

"Influências passadas" pode ser um conceito muito vago, mas, em geral, essa carta se refere a acontecimentos, sentimentos ou pessoas que estejam afetando o que está ocorrendo no momento. Podem ser coisas que aconteceram em anos passados, talvez até na sua infância? Talvez... ou pode ser uma situação ou conversa ocorrida alguns dias atrás. O passado (não importa quanto tempo faça) é significativo porque tudo o que você fez ao longo da sua vida contribuiu para que você se tornasse a pessoa que você é hoje, bem como aquela que se tornará no futuro. As influências do passado podem ser boas ou más; a parte importante é reconhecer que elas exercem um impacto sobre a situação em que você se encontra atualmente.

CARTA 2: SITUAÇÃO ATUAL

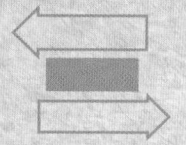

A carta central simboliza o presente, as coisas importantes que a cercam agora. Como essa tiragem é básica, de apenas três cartas, muitas mensagens podem ser lidas nessa carta central, ao passo que, em tiragens maiores, normalmente essas mensagens podem ser transmitidas por várias cartas. A Carta 2 pode revelar como os outros veem o que está acontecendo, influências externas ocorrendo, obstáculos ocultos que você não conhece e assim por diante.

CARTA 3: POSSÍVEIS RESULTADOS FUTUROS

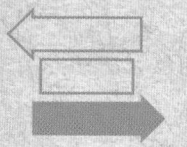

Esta última carta representa o resultado final, mas com uma ressalva. Ele pode mudar a qualquer instante, pois se baseia no estado em que as coisas estão no momento. Essa carta pode representar tanto um objetivo de longo prazo quanto uma resolução imediata; tudo depende da pergunta e da situação que você enfrenta. As mensagens da carta que está nessa posição não são definitivas; afinal, se você não gostar do que uma carta está lhe mostrando, pode mudar os seus comportamentos e o resultado de longo prazo irá mostrar uma realidade diferente.

TIRAGEM DE CINCO CARTAS

Em muitas partes da comunidade bruxa, o pentagrama (uma estrela de cinco pontas) é considerado sagrado, e esse símbolo mágico tem muitos significados diferentes. Cada uma das cinco pontas dessa estrela tem um significado; normalmente, elas representam os quatro elementos clássicos: Terra, Ar, Fogo e Água. A ponta superior é muitas vezes atribuída ao Espírito, mas também é vista como um quinto elemento. Essa tiragem incorpora todos os cinco elementos e suas correspondências associadas.

Você vai dispor as cartas nas cinco pontas de uma estrela, começando pela ponta do lado superior direito. Essa carta representa o elemento Terra. Abaixo dela, no canto inferior direito, tire uma carta para simbolizar o elemento Ar. Seguindo no sentido horário, tire outra carta para representar o elemento Fogo, no canto inferior esquerdo, e, no canto superior esquerdo, tire uma carta para representar o elemento Água. Por fim, no ponto mais alto da estrela, tire uma carta para representar o elemento Espírito.

CENTRO SUPERIOR – ESPÍRITO: O EU PLENO

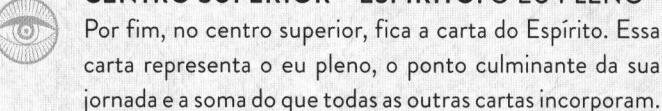

Por fim, no centro superior, fica a carta do Espírito. Essa carta representa o eu pleno, o ponto culminante da sua jornada e a soma do que todas as outras cartas incorporam. Examine as quatro cartas anteriores para ver o que elas revelam, não individualmente, mas em conjunto, como uma mensagem completa. Como elas se completam para apresentar a soma do Espírito? Como as coisas serão resolvidas se você permanecer no seu caminho atual? Qual será o resultado final de todas as influências internas e externas combinadas sobre o seu problema?

SUPERIOR ESQUERDA – ÁGUA: AS MARÉS DA INTUIÇÃO

A próxima carta dessa tiragem representa o elemento Água, normalmente associado à sabedoria e à intuição. É aqui que você acaba descobrindo o que sua intuição está lhe dizendo; essa carta muitas vezes confirma o que você já sabia, mas pode ter negado. O que você pode aprender com essa situação? Pode adaptar as suas circunstâncias atuais para atender as suas necessidades e seus objetivos futuros?

SUPERIOR DIREITA – TERRA: ANCORADA

O elemento Terra está profundamente ligado à segurança e à estabilidade; é o elemento que representa o que nos ancora e o que nos impede de avançar. Existe algo segurando você no lugar ou fazendo-a retroceder? Existem circunstâncias que a impeçam de seguir em frente? Essa carta ajudará a revelar o que fez sua situação estagnar ou que vai permitir que ela progrida em direção à conclusão.

INFERIOR ESQUERDA – FOGO: O SUPREMO DESTRUIDOR

No canto inferior esquerdo, o elemento Fogo incorpora vontade e energia fortes. O Fogo é uma fonte de criação e destruição, então esta é uma oportunidade para perguntar se você está sabotando seus próprios objetivos. Que tipo de conflitos interiores está influenciando a situação? Se você estiver enfrentando dúvidas, mal-entendidos ou um sentimento de não ser digna, suas causas básicas podem aparecer nessa carta.

INFERIOR DIREITA – AR: OS VENTOS DA INFLUÊNCIA

Por tradição, o Ar está relacionado a questões de inspiração e comunicação. Essa carta significa o que outras pessoas estão lhe dizendo. Alguém em sua vida está representando uma influência positiva ou está deixando você deprimida ao transmitir mensagens negativas? Que tipo de forças externas está influenciando sua vida agora? Você está confiando em informações transmitidas por outras pessoas ou está encontrando inspiração para tomar suas próprias decisões, por se sentir bem informada?

Tiragem de sete cartas

A tiragem de sete cartas (às vezes, chamada de tiragem da ferradura) é uma das mais populares hoje em dia. Os tarólogos usam a tiragem da ferradura de maneiras diferentes: alguns com a extremidade aberta para baixo e outros com a extremidade aberta para cima. Eu gosto de usá-la de modo que a ferradura pareça a letra U, porque essa forma está associada à sorte - e quem não quer um pouco de sorte? Algumas pessoas, por outro lado, veem a ferradura com a parte aberta para baixo como um convite para que a sorte escoe para fora. Em alguns folclores, esse posicionamento torna a ferradura um símbolo de proteção. Use a posição que mais lhe agradar.

Se preferir essa tiragem, tire e posicione sete cartas da esquerda para a direita, em forma de ferradura ou da letra U. A primeira carta, a Carta 1, representa o passado. A Carta 2 simboliza o presente e a Carta 3 revela influências ocultas. A carta central, na curva do U, é a Carta 4, e indica o consulente, seja ele você, seja a pessoa para quem você está lendo o tarô. A carta 5 está associada às atitudes de outras pessoas envolvidas no que está acontecendo, e a Carta 6 mostra o que você pode fazer para resolver o problema ou seguir em frente apesar do problema. Por fim, a Carta 7, a última carta, exibirá o provável resultado final da situação.

CARTA 1: O PASSADO

Esta primeira carta da tiragem representa acontecimentos do passado que têm influência sobre a situação ou questão atual. Quais elementos da sua experiência anterior – ou acontecimentos que levaram às atuais circunstâncias – são relevantes?

CARTA 2: O PRESENTE

A segunda carta da tiragem da ferradura revela o que está acontecendo no presente. Quais acontecimentos atuais ainda estão influenciando a questão com a qual você está preocupada?

CARTA 3: INFLUÊNCIAS OCULTAS

Esta carta é um pouco complicada, porque representa o invisível; ela simboliza os problemas e conflitos que você ainda não conhece. Essas informações da carta só serão reveladas se você souber procurá-las. Você pode estar negligenciando algo importante que está bem debaixo do seu nariz ou existe algo que está simplesmente se recusando a reconhecer?

CARTA 4: VOCÊ

A quarta carta do jogo, na ponta da ferradura, é você, no centro de tudo. Algumas pessoas gostam de virar essa carta primeiro, porque ela representa o eu, bem como suas atitudes sobre a situação. É uma carta negativa, que indica que você está preocupada ou com medo, ou é uma carta positiva, auspiciosa, que mostra seu otimismo? No geral, essa carta lhe dará uma boa noção do que você realmente sente e pensa, em vez do que você disse aos outros que sente ou pensa.

CARTA 5: A INFLUÊNCIA DOS OUTROS

Que tipos de influências externas estão dominando a situação? Você aceita ajuda e apoio de outras pessoas em sua vida ou deixa que elas a deprimam? Essa carta é importante porque revela como as pessoas próximas a você se sentem sobre a situação – e, tenha certeza, muitos de nós são influenciados pelas opiniões dos outros.

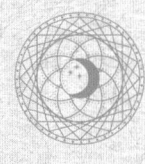

CARTA 6: O QUE VOCÊ DEVE FAZER?

A sexta carta revela o curso de ação que você deve seguir, e às vezes o melhor a fazer é simplesmente não agir. A situação pode muito bem ser resolvida se você seguir as orientações dessa carta.

CARTA 7: O RESULTADO FINAL

Esta última carta leva em conta todas as seis cartas anteriores em sua resposta, indicando uma solução final para o problema. Lembre-se, se o resultado não agradar você, considere a possibilidade de fazer algo diferente para mudar o curso dos acontecimentos.

Tiragem de nove cartas

```
 1   2   3

 4   5   6

 7   8   9
```

A tiragem de nove cartas funciona de maneira semelhante à de três cartas, explicada na página 87. A diferença é que esta nos permite obter uma visão mais profunda do que está acontecendo e do modo como as coisas provavelmente acontecerão. Quando examinamos uma combinação de três cartas representando o passado, três cartas representando o presente e três cartas representando o futuro, temos condições de ver significados mais complexos do que se tivéssemos uma única carta representando cada período de tempo.

Às vezes, essa tiragem é chamada de "tiragem da caixa", porque as nove cartas são dispostas em três fileiras de três, formando um quadrado ou retângulo. Para usá-la, tire nove cartas e posicione-as da esquerda para a direita, formando três fileiras horizontais. Na fileira de cima, ficarão as cartas 1, 2 e 3; na do meio, as cartas 4, 5 e 6; e, na debaixo, as cartas 7, 8 e 9.

É a partir daqui que essa tiragem pode ficar realmente interessante. Embora as cartas tenham sido posicionadas na horizontal, você pode começar a leitura virando as cartas verticalmente, em colunas. Nesse caso, as cartas 1, 4 e 7 vão representar as influências passadas (ou qualquer outro significado que você tenha atribuído a elas) e as cartas 2, 5 e 8 vão representar a situação no presente. Por fim, as três cartas da última coluna (3, 6 e 9) vão mostrar o possível resultado futuro.

Além disso, você pode considerar cada fileira horizontal uma fonte de informações extras. Na primeira fileira, as cartas 1, 2 e 3 vão proporcionar uma visão geral da situação. A segunda fileira (cartas 4, 5 e 6) pode dar uma resposta geral à questão. A última fileira (cartas 7, 8 e 9) pode revelar influências ocultas nas circunstâncias que cercam o problema.

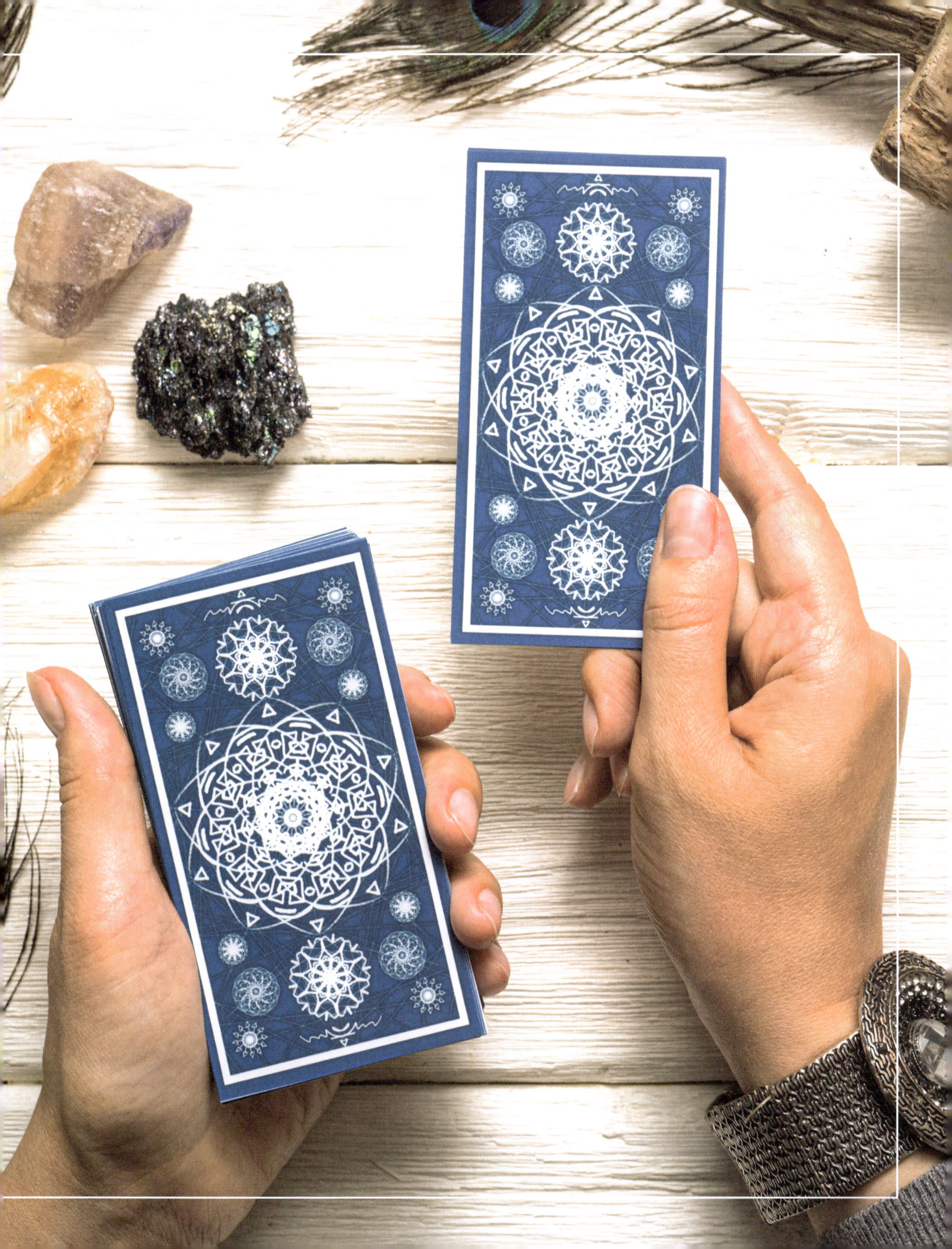

PARTE 3

O Tarô e a Magia – Intuição, Adivinhação e Feitiços

12

Leituras Intuitivas

Depois que você pegou o jeito e já sabe dispor as cartas e interpretar seus significados, é hora de acelerar um pouco o seu jogo de tarô. Experimente se desafiar a confiar menos nos significados tradicionais (aqueles que apresentamos na Parte 2 ou que você encontra nas explicações do livrinho que acompanha o seu baralho) e, em vez disso, use a sua intuição ao ler as cartas.

Quando fazemos leituras intuitivas, confiamos em nossos sentimentos sobre os significados das cartas e deixamos que eles nos guiem, sem nos prendermos a definições ou simbolismos específicos. Por exemplo, digamos que você vire um Seis de Copas, uma carta que, por tradição, é associada à ideia de que os acontecimentos passados exercem um impacto sobre o presente e o futuro. No entanto, quando você olha para ela, esse significado simplesmente não parece fazer sentido; em vez disso, essa carta faz você sentir que seu romance está indo de vento em popa, com seu admirador secreto declarando suas intenções antes desconhecidas. Isso significa que a associação dessa carta com "acontecimentos passados" está de alguma forma errada? De forma alguma! Só significa que os significados das cartas muitas vezes mudam de uma pessoa para outra. Quando segue a sua intuição ao ler as cartas, você obtém um conjunto de significados muito diferente daquele apresentado nas definições dos manuais de tarô (e talvez seja exatamente isso que o universo deseja).

Embora a experiência de uma pessoa para outra possa variar, no meu caso, quando comecei a confiar na intuição, minhas leituras passaram a ser mais eficazes. Você provavelmente descobrirá em breve que as imagens das suas cartas (não importa qual baralho esteja usando) lhe dão uma sensação intuitiva muito particular, dependendo do seu estilo artístico. Sugiro que você inicie algum tipo de diário de tarô para registrar o que vê e sente ao contemplar cada carta, e também suas interpretações pessoais de cada uma delas, para uso futuro. Você pode, por exemplo, tirar uma única carta todos os dias para conhecê-la individualmente; proceda dessa maneira até ter feito uma análise cuidadosa, por escrito, de cada uma das 78 cartas. Experimente algumas dessas etapas simples para começar a entender seu baralho intuitivamente.

Olhe para a carta. Isso pode parecer uma tolice, mas procure reparar em qual é o pensamento inicial, à primeira vista, que lhe vem à cabeça. Ele conta uma história composta de todas as muitas peças e partes da carta combinadas ou você tem uma impressão básica de uma palavra da carta? Essa pode ser uma boa oportunidade para comparar sua interpretação inicial da carta com o significado tradicional que ela tem. Eles são próximos ou parecem não ter nenhuma relação entre si? Existe algo na definição padrão que possa ser aplicado à sua própria avaliação da carta?

Em seguida, analise a carta e procure símbolos ou temas, que discutiremos com mais detalhes no Capítulo 15. Alguns dos melhores baralhos de tarô encontrados hoje no mercado contêm muitas informações ocultas. Existe um ícone ou símbolo específico com que você se identifique ou faça você se sentir de certa maneira? Alguma cor que se destaque na carta a deixa feliz, triste ou assustada?

Pense em suas reações emocionais diante da carta como um todo. Você tem uma sensação de alegria ou desespero quando a vê? Que sentimentos suas experiências de vida trazem à sua leitura da carta? Você tem tradições familiares ou ancestrais que influenciem sua análise do significado da carta?

Que história as ilustrações da carta estão contando a você? Pense sobre as pessoas, animais e ambiente nas imagens. As pessoas (ou outras figuras) que aparecem na carta estão apertando as mãos de certa maneira, exibindo uma expressão facial específica ou carregando objetos? Que tipo de roupa elas estão usando, e elas refletem determinada classe social ou ocupação?

Talvez seja útil fazer uma descrição por escrito, como *"Há duas pessoas vestindo longas túnicas na frente de um castelo e elas estão segurando buquês de flores – elas parecem felizes! Um aglomerado de pessoas ao fundo parece que está dançando e se divertindo, e a imagem é de um tom amarelo vivo que me traz alegria"*.

Se quiser dar um passo adiante, depois de anotar a sua descrição, pense na carta como se você mesmo estivesse na cena: *"Estou com alguém de quem gosto, estamos segurando flores nas mãos, acima da cabeça, e todos os nossos amigos estão comemorando conosco. O sol saiu e estou muito feliz"*.

Pergunte a si mesma como a energia da carta ou o sentimento que ela lhe inspira se relaciona com a sua situação em questão. Existe uma conexão? Você pode interpretar as camadas de imagens e observar como elas fazem você se sentir e se há uma conexão com o que está acontecendo na sua vida. Se você pensar profundamente e com atenção sobre a carta, ela lhe dará uma visão mais personalizada e única sobre questões que surgirão no futuro.

Meditação com o tarô

Antes de mais nada, uma pequena observação sobre a meditação: ninguém precisa meditar. Embora muitas bruxas e outros praticantes de magia incluam a meditação na rotina, não há nenhuma regra que diga que você precisa meditar. No entanto, você provavelmente descobrirá que a meditação lhe permite entrar num espaço mágico e, se você fizer da meditação um hábito regular, ficará muito mais fácil concentrar sua atenção em rituais, feitiços ou adivinhações. Lembre-se de que nem todo mundo consegue meditar com sucesso logo de início. Se você começar a ficar entediada, inquieta ou não conseguir manter o foco, não se preocupe! Apenas tente novamente em outra ocasião. Como acontece com qualquer habilidade, é preciso praticar.

Para conhecer suas cartas intuitivamente, comece fazendo um exercício de meditação muito simples no qual você tira uma única carta. Procure um lugar silencioso onde não será perturbada. Se você mora com outras pessoas, talvez seja melhor esperar até que elas saiam de casa ou peça meia hora de paz e sossego enquanto estiver no outro cômodo. Certifique-se de ajustar as configurações do seu celular para não se distrair com o toque das notificações enquanto medita.

Se você quiser ouvir música durante a meditação, faça isso! Eu recomendo que mantenha o volume baixo para que ela fique em segundo plano. Você pode até querer experimentar uma música ambiente ou sons da natureza. Você gostaria de acender uma vela? Vá em frente! Que tal acender um incenso? Opte pela sua fragrância preferida ou escolha uma que esteja associada à intuição, como cedro, artemísia ou alecrim. Além disso, você vai precisar de uma caneta e seu diário de tarô ou um caderno.

Convém purificar as suas cartas antes de fazer esta meditação. Veja o ritual de purificação das cartas no Capítulo 5.

Comece sentando-se confortavelmente e segurando seu baralho de tarô nas mãos (não se deite, porque é fácil adormecer quando você relaxa!). Feche os olhos e respire, concentrando-se em cada inspiração e expiração. Acalme seu corpo enquanto respira, sentindo o fluxo de ar entrando nos pulmões e saindo novamente. Ao inspirar, visualize o ar e uma energia positiva entrando em você, fortalecendo seu corpo e deixando-a reabastecida.

Em seguida, acalme sua mente. Ao expirar, veja o estresse ou as distrações da sua vida cotidiana indo embora, soprados para longe de você e fluindo para o universo. Imagine todas as coisas que a mantêm preocupada se derramando da sua mente como se fossem água, escoando até que não possam mais incomodá-la. Esse é o seu momento de se sentir em paz. Respire, relaxe e simplesmente sinta o seu ser.

Agora, tire uma carta do seu baralho de tarô e abra os olhos. Analisando a carta, faça a si mesma algumas das perguntas da seção anterior. Qual é a primeira palavra que lhe ocorre quando você olha para ela? Que símbolos, sinais ou cores saltam à sua vista? Como ela faz você se sentir nos níveis físico, emocional e espiritual?

Agora, mantendo a respiração tranquila e cadenciada, visualize-se dentro da carta. Veja-se andando pelo mundo retratado nas imagens. Explore-o, siga pelas trilhas, observe pessoas e animais, caminhando entre árvores e construções. Pergunte a si mesma: se você existisse dentro dessa carta, que conselho daria ao consulente que a tivesse tirado numa leitura? Que conselho você daria a si mesma com base no ambiente ao seu redor? Como você se sente existindo no mundo da carta? Ele evoca emoções negativas, desagradáveis ou até mesmo assustadoras? Mantenha a respiração regular para permanecer calma e em paz. Saiba que você está segura e está ali simplesmente para observar o que está acontecendo ao seu redor. Se a carta fizer você se sentir feliz, contente e protegida, isso é maravilhoso. Lembre-se desse sentimento também.

Quando atingir uma compreensão profunda do mundo que vivenciou dentro da carta, feche os olhos mais uma vez e volte a consciência para o ambiente em que está. Visualize-se saindo da carta, sabendo que está novamente em seu espaço seguro e acolhedor na sua casa. Dedique alguns minutos para se reorientar e se sentir ancorada e estável. Quando estiver pronta para abrir os olhos, faça isso com um sentimento renovado de energia, clareza e conhecimento.

Por fim, com a carta ainda à sua frente, pegue o caderno e a caneta e anote tudo o que você experimentou enquanto viajava dentro da carta. Faça anotações sobre as coisas que viu e sentiu (ou mesmo ouviu, cheirou e provou, se for o caso). Certifique-se de incluir todos os detalhes; algo que parece irrelevante ou sem importância pode ter um significado espiritual profundo para você no futuro, então não deixe de registrar nada. Depois de concluir suas anotações, devolva a carta ao baralho. Mais tarde, quando precisar consultar aquela carta, você pode voltar ao seu diário e se lembrar da sabedoria que lhe foi revelada.

13
A Criação de uma História

Quando você lê o tarô, pode ter a impressão de que faz muito mais sentido vê-lo como uma narrativa. Com isso, quero imaginar as cartas como as ilustrações de um livro e você, a consulente, como a personagem principal. Cada carta é como o capítulo de um livro e ela não faz sentido até que você considere as outras cartas, na sequência em que aparecem.

Ao olhar para as cartas da sua tiragem como um todo, e não como partes individuais, você poderá criar uma narrativa que contenha toda a magia da sua leitura. Quanto mais você fizer isso, mais confiante ficará na interpretação das suas cartas e mais profunda será a sua compreensão do que elas têm a lhe dizer. Descobri que, para mim, verbalizar as imagens e seus significados em voz alta é a maneira mais eficaz de fazer isso. Se contar histórias em voz alta não for algo que lhe agrade, recapitule a história na sua cabeça, pois funcionará do mesmo modo. Seja como for, veja-se como a narradora onisciente da sua história.

X - THE WHEEL

Ao contar sua história, tente incluir estes elementos:

A PERSONAGEM PRINCIPAL OU PROTAGONISTA: Qual a aparência dela? O que ela está fazendo? Que acontecimentos a levou à sua situação atual?

EXEMPLO: *Esta é uma leitura sobre alguém que precisa tomar uma grande decisão em seu relacionamento. Embora essa relação tenha sido feliz e positiva por muito tempo, agora parece que está passando por uma estagnação e essa pessoa está se sentindo insatisfeita. Ela tem que escolher o que fazer em seguida.*

DESAFIOS: O que está atrapalhando e impedindo a personagem principal de seguir em frente?

EXEMPLO: *Essa pessoa está enfrentando um dilema porque, embora saiba que não está satisfeita, sente-se subjugada pelo parceiro. Ela tem receio de que, se romper o relacionamento, estará abandonando responsabilidades ou ferindo os sentimentos dele, o que a faria se sentir culpada ou errada.*

OPORTUNIDADES: Que oportunidades ou escolhas estão ao alcance da sua personagem principal? Que escolhas ela tem que lhe permitiria seguir sua vida ou resolver a situação?

EXEMPLO: *Esta pessoa tem algumas opções. Primeiro, ela poderia continuar com o relacionamento, mas encontrar maneiras de torná-lo mais satisfatório e gratificante. Outra escolha seria colocar esse relacionamento em segundo plano, conservando-o, mas num nível menos intenso. Isso permitiria que ambos mantivessem o relacionamento, mas investindo mais tempo em si mesmos. Uma terceira opção seria colocar um ponto final no relacionamento, entendendo que haveria um afastamento e cada um seguiria seu caminho.*

TEMAS E SÍMBOLOS: Que temas e símbolos você vê com mais frequência? Iremos nos aprofundar nisso quando chegarmos ao Capítulo 15, mas por enquanto observe que tipo específico de carta você vê com mais frequência: os Arcanos Maiores, os naipes, vários símbolos etc.

EXEMPLO: *Esta tiragem contém muitas cartas de Copas, o que significa que os relacionamentos são realmente uma prioridade para essa pessoa, mas também há várias cartas de Espadas. Isso sugere muitos conflitos acontecendo agora também.*

AMBIENTE E ATMOSFERA: Num livro, este seria o cenário da sua história. Que energia envolve a tiragem? A sua personagem principal está recebendo apoio das pessoas em torno dela, para resolver sua situação?

EXEMPLO: *Esta é uma pessoa que possui uma considerável rede de apoio. A família e os amigos sempre a protegem e todos têm opiniões sobre o que ela deve fazer. Alguns deles podem exercer uma influência significativa, mas, no final das contas, essa pessoa fará o que for melhor para si mesma.*

A RECOMPENSA: Qual é a recompensa a longo prazo para a sua personagem principal? Em outras palavras, qual é o objetivo dela? Como ela se vê quando a situação estiver resolvida?

EXEMPLO: *Essa pessoa espera estar contente e feliz mais uma vez, não frustrada por estar carregando seus relacionamentos nas costas. Ela gostaria de ver uma divisão igualitária na abordagem das questões emocionais, em vez de sentir como se todas as responsabilidades recaíssem sobre ela, em vez de serem compartilhadas de maneira justa.*

O RESULTADO: Este é o capítulo final da história do seu protagonista. O que o futuro lhe reserva se as coisas continuarem na trajetória atual?

EXEMPLO: *No final das contas, essa pessoa tomará uma decisão que lhe será benéfica. Ela fará o que for necessário para aliviar as cargas emocionais que está enfrentando. Alguém próximo a ela se sentirá magoado com isso, talvez até traído, mas, a longo prazo, ela precisará priorizar suas próprias necessidades em detrimento dos desejos dos outros.*

Por fim, pergunte se sua história é satisfatória. Como tudo isso faz você se sentir?

Você consegue se visualizar percorrendo os vários capítulos, contornando possíveis obstáculos e desafios e, por fim, sentindo-se bem com o resultado final?

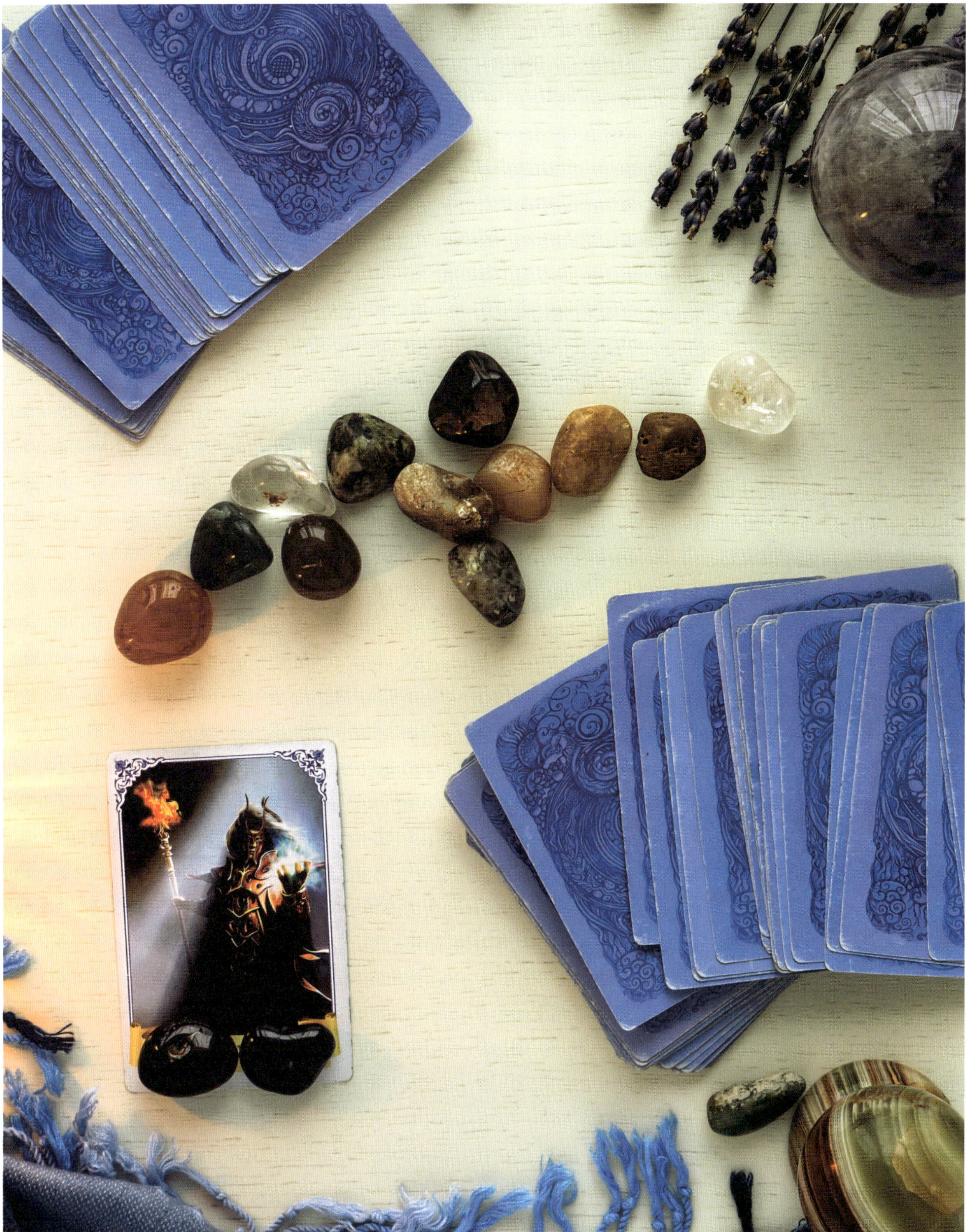

14
Aspectos da Sombra e Cartas Invertidas

Todos temos partes de nós que não queremos examinar. São as partes que nos envergonham e nos recusamos a mostrar para o resto do mundo, aspectos nossos que consideramos vergonhosos ou assustadores.

Reconhecer essas características, estejam elas profundamente enterradas, estejam apenas à espreita abaixo da superfície, pode ser difícil e complexo. No entanto, a decisão de reconhecê-las pode ser terapêutica e preciosa, pois, uma vez que aceitemos que essas partes existem, podemos lidar com elas de maneira mais saudável. Trabalhar com a nossa Sombra pode nos ajudar a superar o trauma do nosso passado, ir além de atitudes ou comportamentos nocivos e abandonar pensamentos e ações destrutivas, que podem causar dor em nós mesmos ou naqueles que amamos.

O conceito de Sombra, ou eu sombrio, foi introduzido pela primeira vez por Carl Jung, o famoso psiquiatra suíço, segundo o qual, para nos livrarmos desses aspectos reprimidos do nosso inconsciente, precisamos primeiro entender o que eles são. Assim que obtivermos esse entendimento, podemos integrá-los à nossa autoimagem e superar os obstáculos que eles criam para nós. Embora o trabalho de Jung esteja enraizado na Psicologia, podemos adaptá-lo para o nosso desenvolvimento espiritual. Na verdade, Jung escreveu em Os Arquétipos e o Inconsciente Coletivo: "[É] como se o conjunto de figuras das cartas do tarô fosse um descendente longínquo dos arquétipos da transformação..." (Carl Jung, Os *Arquétipos e o Inconsciente Coletivo*).

Com o tarô, podemos usar as mensagens das cartas para mergulhar profundamente em quem realmente somos (com verrugas e tudo) e traçar um caminho para a autodescoberta e a cura. Para muitas pessoas, trabalhar com as cartas invertidas é uma forma de facilitar essa jornada. Você se lembra de quando dissemos que os significados das cartas do tarô fazem parte de um espectro? Nada é preto e branco; tudo existe num *continuum*, numa gama de variações, e essas cartas invertidas convidam nossos aspectos sombrios a se revelar para nós.

Ao trabalhar especificamente com cartas invertidas, você pode fazer a si mesma as seguintes perguntas (e, com sorte, encontrar respostas):

✴ O que preciso curar em mim e como posso fazer isso?
✴ O que está errado e preciso corrigir e como isso vai me ajudar?
✴ Quais ações eu preciso empreender para seguir em frente?

Cartas Invertidas

Muitos leitores acreditam que, se várias cartas de uma tiragem aparecem invertidas, essa pode ser uma indicação de que é preciso prestar atenção ao lado sombrio do espectro de significados, ao avaliar as energias e mensagens das cartas. Esse é um dos benefícios de aprender a interpretar as cartas intuitivamente. A inversão física de uma carta representa o que você provavelmente entenderá por meio da intuição. Repito, é importante lembrar que o significado da carta invertida não é exatamente oposto ao dessa carta na posição normal.

É importante notar que nem todos os leitores de tarô levam em conta as cartas invertidas. Algumas pessoas acham que, como já existem 78 cartas no baralho de tarô, se lerem intuitivamente essas 78 cartas, isso já lhes dará informações suficientes sobre a sua situação atual. Levar em conta as inversões simplesmente acrescentará mais 78 significados - o que resulta num total de 156 significados possíveis! -, o que alguns leitores consideram desnecessário. Depende de você levar em conta ou não as inversões, mas seja coerente. Não leia as inversões apenas quando elas confirmarem o que você já pensava, para, em seguida, ignorá-las se as mensagens a deixarem desconfortável.

Certamente existem desvantagens em eliminar as cartas invertidas das suas leituras. Se o problema que você está tentando resolver é complexo ou detalhado, desconsiderar as inversões pode deixar de fora uma visão importante, o que significa que você não está realmente obtendo uma visão completa da situação. Por outro lado, se você está tentando resolver um problema relativamente simples, pode descobrir que uma tiragem sem cartas invertidas ainda consegue revelar tudo o que você precisa. À medida que você aprende a ler intuitivamente, poderá analisar a mensagem por trás de cada carta e como ela se aplica a você, quer apareça invertida, quer esteja na posição normal. Se houver uma mensagem para sua Sombra, você a verá, não importa como esteja posicionada a carta.

Ritual para trabalhar a Sombra

Este ritual requer uma tiragem de cinco cartas, e descobri que ele é uma maneira realmente eficaz para se chegar ao fundo de questões entranhadas no subconsciente. Como sempre, recomendo manter um caderno ou diário à mão, e também uma caneta. Além disso, você pode querer ter uma caixa de lenços por perto, pois o trabalho com a Sombra pode ser profundamente emocional e afetá-la de maneiras que você não esperava. As cartas com as quais você trabalhará são:

* **CARTA 1:** Sua característica sombria

* **CARTA 2:** Por que você a manteve escondida

* **CARTA 3:** A dura verdade

* **CARTA 4:** Benefícios em potencial

* **CARTA 5:** Como cuidar de si mesma

Embora não seja absolutamente obrigatório, também sugiro que você experimente realizar este ritual durante a Lua crescente. Esse é o período em que a Lua passa de nova à cheia e, em muitas tradições da Bruxaria moderna, é associado à cura. Se você tem traumas para se lembrar e trabalhar, esse é um bom momento para fazer isso.

Além do seu tarô, você vai precisar de cinco velas azuis-índigo (uma cor associada à intuição, à percepção e à autoconsciência espiritual). Se você não conseguir encontrar velas dessa cor, o branco é um substituto perfeitamente aceitável.

1 Certifique-se de encontrar um lugar onde você possa trabalhar em silêncio e sem ser perturbada. Segure o seu tarô nas mãos e, ao fazer isso, concentre-se em identificar suas características sombrias. Você pode não saber quais elas são, afinal, se soubesse, provavelmente não fariam parte da sua Sombra. Se quiser invocar seus guias espirituais, guardiões, divindades ou ancestrais para obter alguma ajuda, faça isso enquanto embaralha as cartas. Depois de embaralhá-las, coloque a primeira carta virada para baixo na sua superfície de trabalho. Essa carta revelará a característica sombria que você precisa curar. Coloque uma vela ao lado dela e acenda-a, dizendo: *"Que eu possa ser iluminada para conseguir identificar uma parte de* *mim há muito escondida*". Vire a carta para ver o que ela revela. Passe algum tempo analisando o que essa carta está tentando lhe dizer, fazendo perguntas que a ajudem a lê-la intuitivamente. Essa característica é algo sobre o qual você já se perguntou antes? Como ela afeta sua autoimagem atual e o relacionamento com outras pessoas? Se precisar anotar esses pensamentos, faça isso e reserve alguns instantes para refletir sobre o que essa carta lhe revelou. Quando estiver pronta, passe para a carta seguinte.

2 Tire a Carta 2, e deixe-a virada para baixo, atrás da primeira. Ela revelará uma visão sobre por que você manteve essa característica sombria oculta. Acenda a segunda vela e diga: "*Que eu possa entender por que esta parte de mim permaneceu nas sombras por tanto tempo*". Ao virar a carta, reflita mais uma vez sobre as mensagens que ela contém. O que sua intuição está lhe dizendo sobre por que você não compartilhou essa parte de si mesma com outras pessoas ou não a reconheceu externamente? Por vergonha? Temor? Por se preocupar em ser vista de outra maneira? O que há nessa característica que fez você se conter? Escreva seus pensamentos, reflita sobre eles e, em seguida, passe para a Carta 3.

3 Sua terceira carta, que representa a dura verdade sobre sua característica sombria, deve ficar voltada para baixo, atrás da Carta 2. Acenda outra vela enquanto diz: "*Que eu compreenda que posso conhecer as verdades mais profundas sobre esse aspecto sombrio de mim mesma*". Esta pode ser a carta mais desafiadora dessa tiragem, do ponto de vista emocional. Ao virar a Carta 3, peça a si mesma uma visão mais profunda sobre as raízes dessa característica. De onde ela vem? Poderia estar enraizada num trauma de infância há muito enterrado? Seria o resultado de algum acontecimento - ou uma série deles - que seu eu inconsciente reprimiu? Será uma decorrência do seu relacionamento com seus pais ou parceiros? Qual é a história que deu origem a essa parte de você e que permaneceu escondida por tanto tempo? Reserve um tempo para refletir sobre isso, anotando suas descobertas. Se precisar chorar ou gritar, não se contenha; expresse com autenticidade quaisquer sentimentos que estejam aflorando. Depois de extravasá-los e estar pronta para seguir em frente, passe para a próxima carta.

4 Tire a Carta 4, que simboliza os benefícios em potencial dessa característica sombria, e deixe-a voltada para baixo, na frente da Carta 1. Acenda a quarta vela e diga: "*Que eu tenha discernimento para ver o valor desta parte do meu eu sombrio*". Vire a carta e mergulhe fundo no positivo aqui. Pode haver benefícios em nossos traços sombrios, apesar das suas origens, que geralmente são negativas. Essa característica a tornou mais forte e resiliente? Influenciou a maneira como você cultiva e mantém relacionamentos para não repetir um ciclo do passado? Você se sente mais determinada e focada do que nunca por ter superado o que vivenciou anteriormente? Após alguma reflexão, anote também essa análise. Quando estiver preparada para dar o passo final, tire a quinta carta.

5 Deixe a quinta e última carta voltada para baixo, na frente da Carta 4. Esta é a carta da cura e do cuidado consigo mesma. Como você pode seguir em frente e se curar de maneira consciente, enquanto processa o conhecimento que agora tem da sua característica sombria? Acenda a vela, dizendo, *"Que eu possa ter conhecimento para poder sair das sombras e me curar com amor no futuro"*. Vire a carta e veja o que ela está lhe dizendo. Que providências você precisa tomar para superar os aspectos negativos da sua característica sombria? Como você pode integrar as partes negativas dessa característica com as positivas, para criar um eu mais feliz, saudável e equilibrado? Quais aspectos da sua vida você precisa priorizar? Existem relacionamentos (consigo mesma ou com outras pessoas) aos quais você precise dedicar mais tempo para que sejam mais saudáveis? Você precisa aprender a estabelecer limites mais severos? Escreva tudo o que vier à sua cabeça enquanto estuda a carta à sua frente.

Quando terminar, reserve um tempo para se recompor. Como eu já disse, o trabalho com a Sombra pode ser exaustivo - mental, emocional e fisicamente. Procure ficar tranquila; agora você já sabe que trabalho deve ser feito e tem mais consciência da razão por que precisa fazê-lo. Quando estiver pronta, apague as velas e siga em frente com mais clareza e determinação.

15
Temas a Investigar

Quanto mais você trabalha com o tarô, mais começa a reconhecer temas específicos. Em particular, se você tem um determinado baralho com o qual prefere trabalhar, notará certos padrões surgindo à medida que se familiariza com as cartas. Um dos benefícios de entender temas e padrões é que eles podem estabelecer uma conexão entre duas cartas que, de outra forma, não pareceriam ter uma combinação lógica. Ao identificar essas relações entre as cartas, você pode obter uma visão mais profunda do que está se evidenciando na sua tiragem.

Várias Cartas Similares

Se a sua tiragem incluir mais de três ou quatro cartas, é provável que você comece a ver que algumas delas estão relacionadas. Por exemplo, você pode usar uma tiragem de nove cartas e descobrir que seis delas são do naipe de Copas, ou que a maioria das cartas de uma tiragem de sete cartas pertence aos Arcanos Maiores. Essa pode ser uma mensagem à qual você precisa prestar atenção. Mas o que ela pode significar? Lembre-se dessas interpretações ao ver vários dos seguintes tipos de cartas:

* **ARCANOS MAIORES:** Muitas cartas dos Arcanos Maiores numa tiragem podem ser um sinal de grandes mudanças e despertares espirituais.
* **ASES:** Uma alta proporção de Ases, ou Uns, pode indicar que novos começos desempenham um papel valioso em sua tiragem.
* **DOIS:** Vários Dois podem representar escolhas e decisões importantes que estão sendo (ou precisam ser) tomadas.
* **TRÊS:** Muitos Três podem ser um prenúncio de sucesso e sorte. O Três é considerado um número mágico em muitas tradições modernas da Bruxaria.
* **QUATRO:** Uma preponderância de Quatros pode indicar satisfação e contentamento.
* **CINCO:** Se você vê muitos Cincos, pode ser um sinal de conflito e grandes mudanças no horizonte.
* **SEIS:** Um agrupamento de Seis está associado a presságios positivos e conexões profundas com outras pessoas.
* **SETE:** Se você vê muitos Setes, procure possibilidades e oportunidades à espera de se manifestarem.
* **OITO:** Se a sua tiragem inclui muitos Oitos, cuidado com os padrões repetidos; afinal, o Oito deitado é um símbolo do infinito.
* **NOVES:** Como o Três, o Nove é considerado um número mágico. Se você se deparar com muitos deles, isso pode indicar uma ênfase à atmosfera geral do próprio naipe, com Paus representando alta energia, Copas sugerindo relacionamentos; Espadas relacionando-se a conflitos e desafios; e Ouros apontando para bens materiais e necessidades financeiras.
* **DEZENAS:** Uma grande proporção de Dez pode sugerir um movimento em direção à conclusão.
* **CARTAS DA CORTE:** Cuidado com um grande número de Valetes, Cavaleiros, Rainhas e Reis. Se você topar com muitos deles combinados, isso pode ser um sinal de que outras pessoas têm uma influência sobre a situação em questão.

Cores como símbolos

Quando você tira uma seleção de cartas de tarô, uma das primeiras coisas que podem aparecer é um conjunto de cartas com cores vivas e vibrantes. O tarô Rider Waite Smith, em particular, é ilustrado com muitos tons de vermelho, amarelo e azul. Se você estiver trabalhando com esse baralho ou qualquer outro que inclua cores, pense nos significados simbólicos por trás da escolha de cores do artista. Os significados a seguir são baseados em associações de cores tradicionais, mas você pode descobrir que uma cor específica ressoa com você de maneira diferente.

VERMELHO
Paixão, energia e fortes emoções

LARANJA
alegria e criatividade

COR-DE-ROSA
Amor, amizade, perdão, e compaixão

AMARELO
Espontaneidade, alegria e entusiasmo

VERDE
abundância financeira, harmonia e inveja

AZUL
Comunicação, sabedoria, confiança, e cura emocional e física

ROXO
Intuição, capacidade psíquica, e poder

MARROM
Terra, estabilidade, neutralidade, e uma conexão com a natureza.

PRETO
Proteção e mistério

BRANCO
O eu superior, inexperiência, e conexão com o divino

DOURADO
Divindade, liderança espiritual, e sucesso

PRATEADO
Emoções, sensibilidade, e empatia

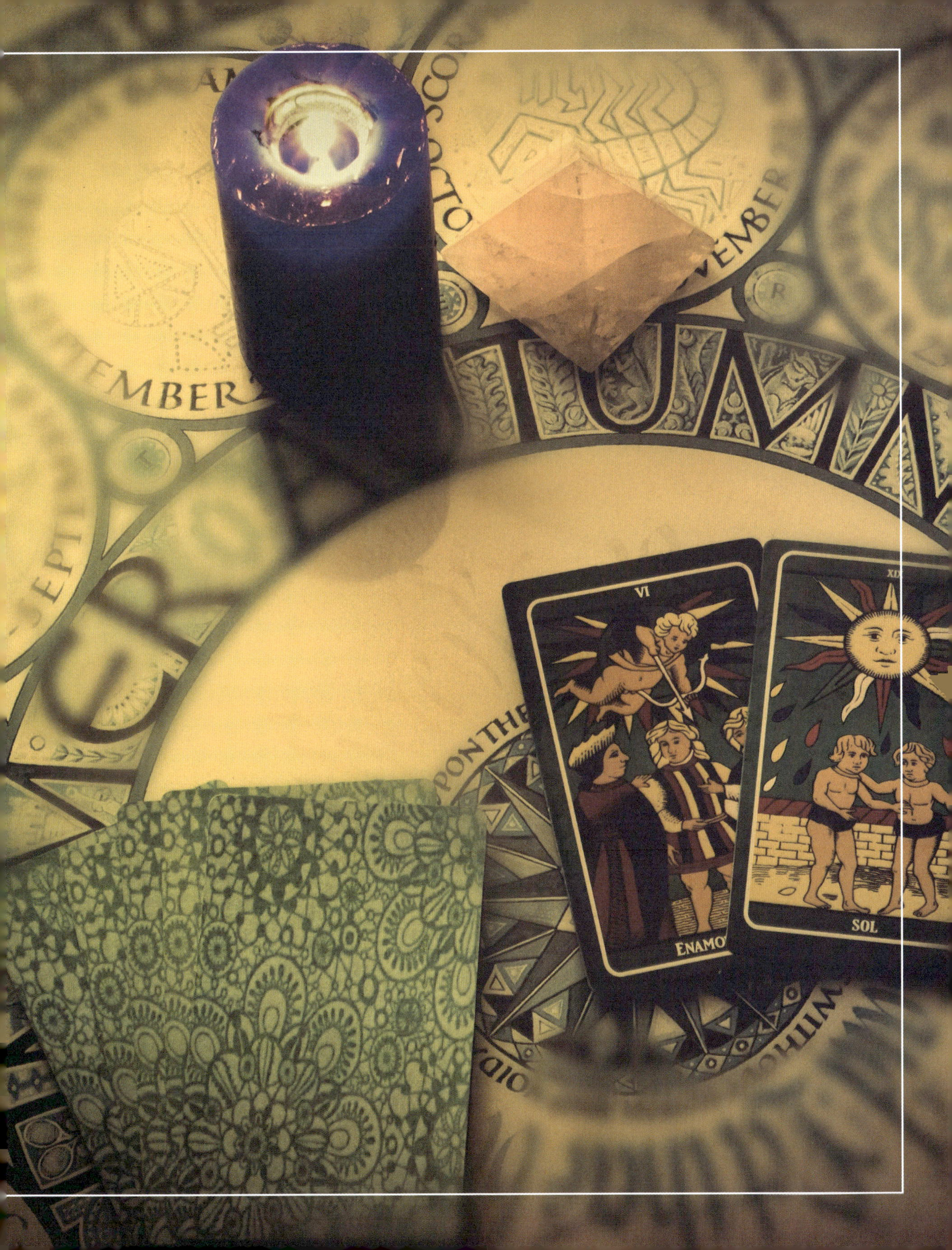
VI
SOL

Animais e Outras Imagens

Além das figuras humanas que aparecem no tarô, você vai perceber que animais ou outros símbolos também podem aparecer regularmente nas cartas. Muitos deles têm significados metafísicos ocultos, portanto, se a sua tiragem apresentar um ou mais desses itens, pense no que isso pode significar.

ANJOS OU ASAS: Mensagens do divino

ANKHS: Imortalidade

PÁSSAROS: Liberdade, perspectiva clara e pensamento de longo alcance

OLHOS VENDADOS: Recusa em ver o que está à sua frente

CRIANÇAS: Esperança e promessa para o futuro

CIDADES OU ALDEIAS: Sociedade e comunidade

NUVENS: Revelações e ideias; despertar da consciência

PORTAS E PORTÕES: Transições e mudanças

PEIXES: Sabedoria e conhecimento; criatividade

VINHAS: Abundância, fertilidade e bênçãos

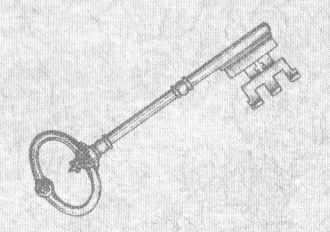

CASAS OU CASTELOS: Segurança, defesa e estabilidade familiar

SÍMBOLOS DO INFINITO: Efeitos contínuos das nossas ações

CHAVES: Mistérios e segredos ocultos

LÍRIOS: Pureza e inocência

LEÕES: Força, lealdade e coragem

PILARES: Equilíbrio e estabilização

ROMÃS: Fertilidade, milagres e poder

CORDAS OU CORRENTES: Amarras e restrições

BALANÇAS: Equilíbrio, imparcialidade e justiça

ESFINGES: Segredos, enigmas e os mistérios da vida

FERRAMENTAS (ENXADAS, MARTELOS, FOICES ETC.): Trabalho árduo e realização

ÁGUA: Saúde emocional e bem-estar

COROAS: Vitória e sucesso

16
Rituais e Feitiços com o Tarô

Muitas bruxas praticantes se perguntam como fazer feitiços ou realizar rituais sem gastar uma fortuna em suprimentos caros e sofisticados. Se você está trabalhando com um orçamento limitado ou não tem acesso a uma loja de artigos esotéricos quando mais precisa, realizar feitiços e rituais pode ser um desafio. Você pode acabar desistindo e dizendo a si mesma: "*Bem, como* não tenho *os suprimentos necessários, acho que vou desistir de fazer esse feitiço*".

No entanto, a chave para ser uma praticante de bruxaria realmente eficaz é aprender a pensar de modo criativo. Afinal, a ideia de simplesmente ir até a loja esotérica do bairro para comprar velas e um cristal é bem nova quando se pensa na antiguidade da existência humana.

O que os nossos ancestrais faziam centenas de anos atrás? Ou mesmo uma ou duas gerações atrás? Usavam o que tinham. E, se você tem um baralho de tarô, já tem ao alcance das mãos muitos recursos para lançar feitiços.

Os ingredientes dos feitiços (ervas, velas, cristais e assim por diante) são símbolos que representam uma pessoa, conceito ou ideia. Se as velas podem simbolizar um conceito, então as cartas do tarô, com todas as suas imagens e associações, também podem. Pense nisto: se você tem um baralho com 78 cartas, pode usar muitos símbolos. Ao trabalhar com uma carta cujo simbolismo esteja em sintonia com o seu objetivo, você pode criar um ritual ou feitiço com a mesma eficácia que uma bruxa que usa ingredientes tradicionais. Com um pouco de criatividade e esforço, você pode manifestar suas intenções usando seu tarô.

Antes de iniciar qualquer um desses feitiços ou rituais, realize qualquer prática que sua tradição mágica recomende: lançar um círculo, limpar seu espaço de trabalho e assim por diante.

Ritual diário para tomar decisões

Todos nós precisamos fazer escolhas diariamente e, muitas vezes, não temos nenhuma dificuldade em tomar uma decisão, pois sabemos o que queremos ou o que é bom e saudável para nós, e esse é o caminho que seguimos. Mas há ocasiões em que ficamos num dilema: temos duas opções claramente opostas, cada uma delas com benefícios e inconvenientes em potencial. Alguns exemplos possíveis são:

> **A.** Gosto do lugar onde moro porque minha família mora na mesma cidade, mas não há muitas oportunidades de trabalho aqui.
>
> **B.** Estou pensando em sair em busca de trabalho em outra cidade, mas não conheço ninguém que não more aqui.

A. Adoro ficar em casa com meus filhos, mas eles já estão crescidos e não precisam tanto de mim; talvez seja a hora de eu abrir meu próprio negócio.

B. Abrir meu próprio negócio parece algo assustador; eu poderia esperar mais alguns anos até que meus filhos entrem na faculdade.

A. Meu parceiro é uma boa pessoa, mas não estamos felizes há algum tempo e estou pensando em terminar o relacionamento.

B. Eu gostaria de melhorar nosso relacionamento, mas isso exigiria muito do meu tempo e do meu comprometimento; não tenho certeza se vale a pena.

Como você escolheria entre as opções A e B se ambas têm prós e contras? Neste ritual você vai tirar cartas de tarô que representem dois caminhos diferentes; embora as cartas não possam tomar a decisão por você, o que elas podem fazer é fornecer algumas dicas sobre qual direção poderia ser mais favorável.

Você pode usar esse ritual rápido todos os dias, caso tenha que fazer escolhas regularmente, ou reservá-lo para quando tiver grandes decisões a tomar. Além das cartas, você vai precisar de uma caneta e uma folha de papel ou uma página do seu diário.

Antes de começar a tirar as cartas, medite sobre o seu dilema. Quais são as duas opções que você tem? Ambas devem ter vantagens e desvantagens. Na parte superior do papel, anote suas duas opções (vamos chamá-las de A e B) e faça uma linha na vertical, separando uma da outra. Você vai tirar cinco cartas nessa tiragem ritual e inicialmente deixar todas elas viradas para baixo.

✶ **CARTA 1:** Vantagens da Opção A

✶ **CARTA 2:** Vantagens da Opção B

✶ **CARTA 3:** Desvantagens da Opção A

✶ **CARTA 4:** Desvantagens da Opção B

✶ **CARTA 5:** Conselho das cartas

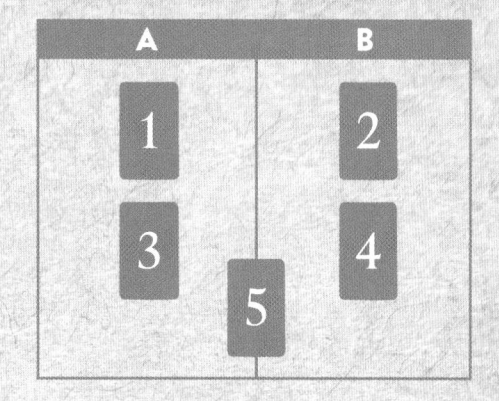

Disponha as cartas de modo que as de número 1 e 3 fiquem na coluna A e as de número 2 e 4 fiquem na coluna B. Por fim, coloque a Carta 5 na parte inferior da página, para que se sobreponha à linha que separa a coluna A da coluna B.

1 Coloque a mão sobre a Carta 1 e feche os olhos. Diga, "*Revele-me os aspectos positivos; revele-me os benefícios; revele-me por que esta deve ser a minha escolha*". Abra os olhos e vire a carta. Que mensagens ela tem para você? Que energia a envolve? Como isso faz você se sentir? Aliviada, feliz, animada? Essa carta demonstra tudo o que você tem a ganhar se selecionar a opção A.

2 Repita o mesmo procedimento com a Carta 2, para que ela lhe mostre como você pode se beneficiar caso escolha a opção B.

3 Siga para a Carta 3. Fechando os olhos, coloque a mão sobre a carta e diga: "*Revele-me os fatores negativos; revele-me as desvantagens; revele-me por que esta não deve ser a minha escolha*". Depois de abrir os olhos, vire a carta e observe-a. Como você se sente diante dessa carta que revela as repercussões negativas da sua decisão? Ela deixa você com medo? Faz com que se sinta inquieta, com raiva ou triste? Essa carta revela as desvantagens de escolher a opção A.

4 Repita o procedimento com a Carta 4, que revelará os fatores negativos da escolha B.

5 Por fim, coloque a mão sobre a Carta 5 e feche os olhos. Diga: *"Ofereça-me conselhos, ofereça-me discernimento, ofereça-me orientação, para que eu possa escolher o caminho que é melhor para mim"*. Vire a carta e veja o que ela diz. Você pode se surpreender ao vislumbrar uma decisão clara à sua frente, favorecendo uma opção em detrimento da outra. Que palavras de orientação levou essa carta a ajudá-la a fazer sua escolha e a agir de maneira mais saudável e confiante?

Essa tiragem também pode ser usada quando você tiver mais de duas opções. Se tiver três ou quatro opções, realize esse ritual da mesma maneira, simplesmente adicionando colunas extras para as opções C, D e assim por diante.

Feitiço de autoproteção com o Tarô

Vamos encarar, vivemos num mundo em que muitas vezes nos sentimos inseguras. Quer se trate de perigos físicos, problemas emocionais ou relacionamentos abusivos, sempre há algo do qual precisamos nos proteger. Esse feitiço simples pode ser feito a qualquer momento, para qualquer propósito. Você não precisa usar todas as cartas descritas a seguir, apenas aquelas que se aplicam à sua situação. Escolha a carta (ou cartas) que melhor se adapte às suas necessidades:

* **O MAGO:** lhe dá o poder de manifestar suas intenções, mesmo quando outras pessoas podem estar tentando sabotar você.
* **A SACERDOTISA:** pode oferecer proteção e segurança contra o desconhecido, incluindo ataques psíquicos ou mágicos.
* **A IMPERATRIZ:** propicia uma segurança amorosa e acolhedora num ambiente familiar instável.
* **A FORÇA:** permite que você estabeleça limites que a protejam e a mantenham firme quando outros tentarem ultrapassar esses limites.
* **A JUSTIÇA:** oferece proteção em batalhas judiciais.
* **O DIABO, INVERTIDO:** pode ajudar a proteger você e seus entes queridos de vícios, doenças mentais ou comportamentos obsessivos.
* **O MUNDO:** oferece proteção contra a perda de todas as coisas pelas quais você batalhou.
* **RAINHA DE COPAS:** pode ajudar a protegê-la da dor de um coração partido ou de outras questões de relacionamento, incluindo manipulação emocional.

- **REI DE OUROS:** dá a você o poder de se proteger daqueles que podem estar tentando tirar vantagem de você do ponto de vista financeiro.
- **RAINHA DE ESPADAS:** pode oferecer proteção quando você estiver enfrentando um conflito já conhecido com outras pessoas.
- **REI DE PAUS:** pode ajudar a protegê-la na sua vida profissional, seja no ambiente de trabalho, na universidade, seja em outros empreendimentos colaborativos.

Além da carta ou cartas que mais se sintonizam com a sua situação atual, você também vai precisar de uma pedra hematita e uma vela preta. Procure fazer este ritual numa terça-feira ou num sábado, se possível, pois esses dois dias estão associados à proteção em muitas práticas mágicas, assim como a cor preta.

Coloque a hematita na base da vela. Acenda a vela e segure a carta que tirou nas mãos. Concentre-se nas energias da carta e visualize a luz da vela fluindo através de você. Relaxe, vá se acalmando e saiba que você está a salvo de qualquer coisa que esteja representando uma ameaça.

Diga: "*Eu invoco os poderes do [nome da carta], invocando suas energias protetoras para cuidar de mim, me envolver e me manter a salvo de todo mal. Estou banindo agora tudo o que me causaria dor; estou banindo aqueles que podem me desejar mal; estou banindo tudo que não sirva aos meus melhores interesses ou das pessoas que amo. [Nome da carta], invoco seus poderes protetores para me guiar e me conduzir de uma forma que não prejudique ninguém, mas me mantenha segura, feliz, saudável e plena*".

Passe a hematita pela chama da vela, mas cuidado para não queimar os dedos! Diga: "*Eu envio a energia de [nome da carta] para esta pedra - poderosa, protetora e forte*".

Medite sobre as propriedades protetoras da hematita e, quando estiver pronta, apague a vela. Leve a pedra no bolso como um talismã ou envolva-a num arame fino e use-o como um pingente ou colar. A pedra carregará as vibrações protetoras da carta escolhida e vai mantê-la segura aonde quer que vá.

Ritual de conexão com seu guia espiritual

Muitas pessoas acreditam que todos nós temos um guia espiritual, capaz de oferecer esclarecimentos, sabedoria e orientação quando necessário. Mas como você pode fazer contato com esse guia se ele ainda não se revelou a você? Às vezes, ele simplesmente não se apresenta porque você ainda não demonstrou que está pronta para ouvi-lo, por isso uma das maneiras mais simples de conhecer o seu guia espiritual é fazer um ritual com o tarô no qual você solicita a presença dele.

Quer você veja seu guia como um guardião, um espírito protetor ou até mesmo um anjo, lembre-se de que ele está ao seu lado para orientá-la, mas sem nunca interferir em suas escolhas. Além disso, os guias são diferentes uns dos outros; o seu pode ser um mestre ascensionado, um espírito ancestral, um mestre ou até mesmo um animal. Os guias espirituais também podem se apresentar como arquétipos representativos; em outras palavras, eles podem aparecer como alguém que representa um conceito ou ideia em vez de uma pessoa real. Por exemplo, talvez seu guia espiritual se pareça com Jane Austen. Isso não significa que a própria Jane seja sua guia (embora ela certamente possa ser); em vez disso, pode significar que Jane represente certas qualidades para você, como sagacidade, autoconsciência, erudição, sucesso e assim por diante.

Você vai precisar do seu baralho de tarô nesse ritual, que deve ser realizado num local tranquilo onde você não será incomodada. Se quiser colocar uma música de fundo ou acender seu incenso favorito de meditação, faça isso antes de começar. Sente-se confortavelmente com seu tarô nas mãos e feche os olhos. Mantenha a respiração regular, inspirando e expirando numa certa cadência. Limpe a mente de qualquer coisa que não esteja relacionada ao encontro com o seu guia; pare de pensar no trabalho, nos seus filhos e na pilha de louça suja na pia.

Quando sua mente estiver límpida e seu corpo relaxado, visualize-se caminhando em direção a uma porta fechada. Você pode demorar um pouco para chegar até ela, pois talvez ela fique no final de um corredor ou no topo de uma montanha ou no final de uma trilha sinuosa na floresta. Aproxime-se da porta sem pressa, sentindo todos os aromas e sons ao longo da sua caminhada. Ao se aproximar, pense em como a porta a faz se sentir. Você se sente apreensiva? Animada e ansiosa com o encontro? Talvez tenha um pouco de receio com o que vai encontrar atrás da porta?

Como é a sua porta fechada? Visualize-a em detalhes. É velha e dilapidada, feita de madeira já apodrecida? Ou é grande e metálica, quase como a porta de um grande tribunal, e cheia de segredos? Talvez tenha inscrições, como runas ou outros símbolos mágicos.

Quando você por fim chegar à porta, pare por um instante. Pense no que espera encontrar ao abri-la. Você pode até querer falar algo em voz alta, por exemplo: "Ao abrir esta porta, espero obter o conhecimento e a sabedoria de meu guia espiritual" ou "Abro esta porta com o coração, a mente e a alma abertos, pronta para receber as mensagens que me aguardam". Quando estiver pronta, estenda a mão e abra a porta.

Atrás da porta, seu guia espiritual a aguarda com uma mensagem. Você pode visualizar seu guia como uma pessoa, um animal ou um conceito arquetípico. Saiba que está segura na presença dele; seu guia está ali simplesmente para oferecer orientação e compreensão. Agora, tire três cartas do seu baralho. Que mensagens elas trazem? Que conhecimento está contido nas cartas?

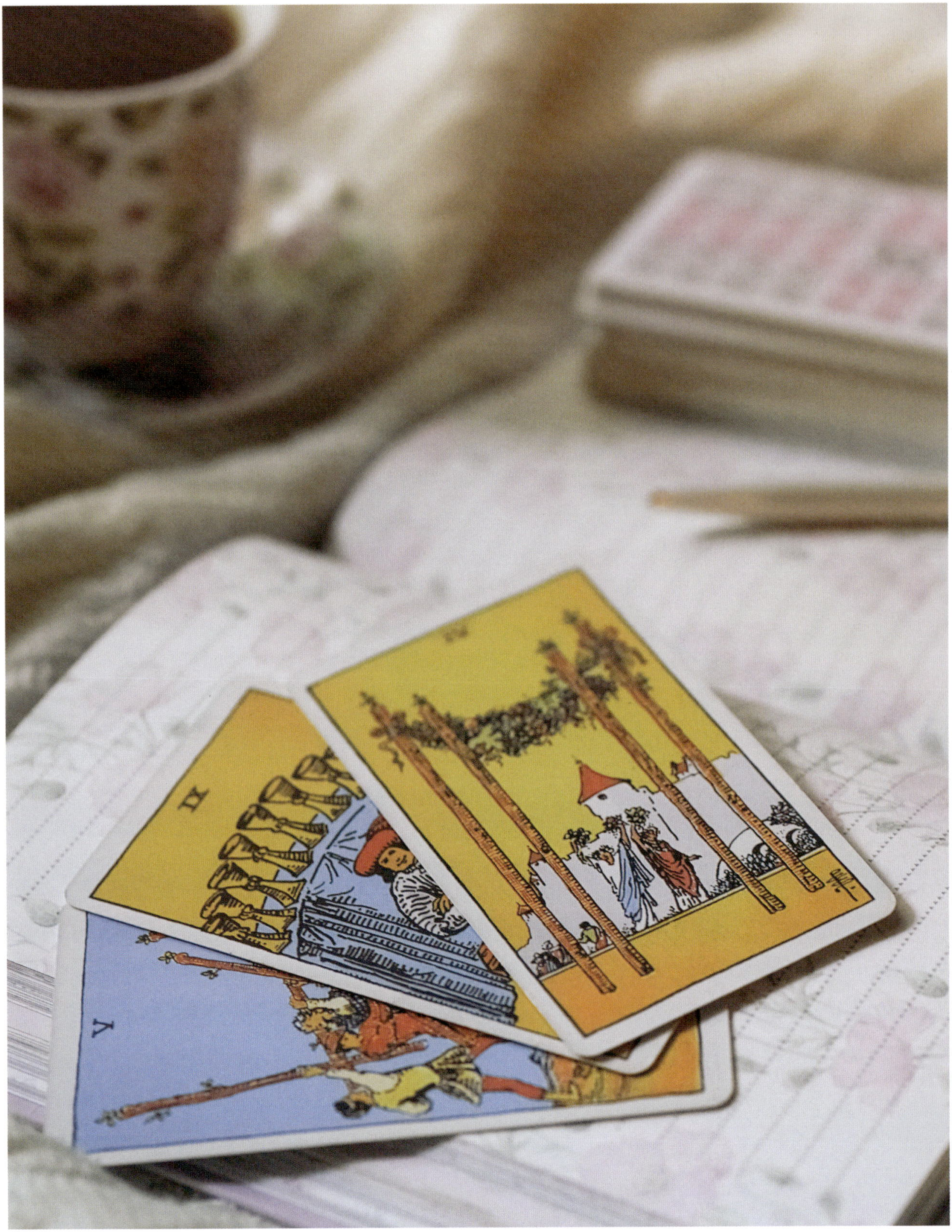

Reserve algum tempo para pensar nos significados mais profundos de cada carta individualmente e, em seguida, pensa nas maneiras como todas se entrelaçam, compondo a mensagem que seu guia quer transmitir a você. O que ele está tentando lhe comunicar?

Como você se sente com relação às cartas que tirou? Que emoções elas suscitam em você? São cartas de ação, que a estimulam a fazer mudanças? Ou confirmam coisas de que você já suspeitava há muito tempo? Revelam conhecimentos que até agora você desconhecia?

O que há de significativo na mensagem das cartas? Por que é importante que você a conheça agora? Faça a si mesma essas perguntas quando estiver no umbral da porta e, se precisar, pergunte ao seu guia. As respostas podem surpreendê-la.

Leve todo o tempo necessário para realmente avaliar tudo o que foi revelado. Seja autêntica com suas emoções. Quer essa mensagem a deixe com raiva ou triste, feliz ou animada, ou simplesmente confusa, não desconsidere seus sentimentos. Quando estiver pronta, agradeça ao seu guia espiritual pela sabedoria que ele compartilhou. Você pode dizer as seguintes palavras em voz alta: *"Agradeço à dádiva deste conhecimento e aprecio a mensagem que me foi oferecida hoje"*.

Visualize-se fechando a porta e pegando o caminho de volta para casa. Em sua jornada, novamente procure absorver tudo no ambiente ao seu redor, imagens, cheiros, sons. Mantenha a respiração regular ao voltar ao ponto de partida e saia do estado meditativo.

Certifique-se de anotar as mensagens que recebeu, especialmente as cartas que tirou, para que possa refletir sobre elas em detalhes mais tarde.

Ritual FOFA para o crescimento profissional com o tarô

No mundo dos negócios, existe uma ferramenta de planejamento estratégico conhecida como análise FOFA, sigla de Pontos Fortes, Pontos Fracos, Oportunidades e Ameaças. Essa análise é uma ótima maneira de tomar decisões no gerenciamento de projetos e pode ajudá-la a obter informações sobre o que é favorável numa situação e quais áreas precisam de um trabalho adicional. Como acontece em muitos aspectos do mundo dos negócios, a análise FOFA se encaixa muito bem nas tiragens de tarô. Embora esse ritual seja projetado para fomentar o crescimento e o avanço profissional (afinal, a análise FOFA é uma ferramenta de gestão organizacional), ele certamente pode ser adaptado para tomadas de decisão complexas e planejamento de longo prazo em outras áreas da vida. Ao avaliar o maior número possível de fatores, tanto os que você pode controlar quanto os que não pode, você consegue desenvolver uma nova perspectiva para resolver seu dilema.

Antes de começar, comece a pensar num problema que esteja enfrentando em sua vida profissional. Alguns exemplos podem ser:

* Preciso desenvolver uma equipe mais forte, mas não temos orçamento para isso.
* Gostaria de resolver um problema recorrente de atendimento ao cliente, mas precisamos de mais dados.
* Somos uma pequena *startup* e tivemos sucesso, mas preciso de uma imagem mais clara da direção em que devemos seguir se quisermos crescer.
* Estou concorrendo a uma promoção, por isso gostaria de provar meu valor assumindo mais responsabilidades.

Descreva seu problema numa folha de papel e desenhe abaixo uma tabela composta de duas linhas e duas colunas, de modo que você tenha quatro quadrados onde caibam as cartas de tarô. No canto superior esquerdo, escreva a letra F. No quadrado superior direito, coloque a letra O. Abaixo do F, no canto inferior esquerdo, escreva outro F, e ao lado dele no canto inferior direito, coloque um A. Embaralhe as cartas, enquanto pensa na sua situação.

Essa tiragem requer quatro cartas (ou grupos delas), da seguinte forma:

* **PONTOS FORTES:** Que tipos de coisas você faz muito bem, seja porque é naturalmente talentosa ou porque desenvolveu habilidades ao longo do tempo? As outras pessoas pedem ajuda a você em que tipo de coisas? Quais são seus verdadeiros talentos?
* **PONTOS FRACOS:** Em que você ainda não é muito habilidosa? Que tipos de desafios você enfrenta regularmente? Em que áreas lhe faltam recursos ou melhorias?
* **OPORTUNIDADES:** Do que você poderia tirar vantagem? Existem maneiras de transformar seus pontos fortes em oportunidades? Que portas você está pronta para abrir e é capaz de fazer isso usando suas habilidades e talentos?
* **AMEAÇAS:** Que tipo de coisa representa um obstáculo para você atingir seus objetivos ou realizar seus sonhos? Existe algo ou alguém que possa prejudicá-la? Os seus pontos fracos a expõem a algum tipo de perigo?

Coloque uma carta em cada um dos quatro quadrados. Você pode até colocar duas ou três em cada quadrado, para uma análise mais rica e aprofundada. Contemple as cartas de cada quadrado, explorando seus significados mais profundos.

Ao examinar o quadrado dos seus Pontos Fortes, analise de que maneira os talentos identificados nessa seção podem ser aproveitados em suas Oportunidades. Como você pode transformar seus talentos em algo que irá beneficiá-la e ajudá-la a formar um plano de ação para ter sucesso? Você pode continuar a desenvolver seus Pontos Fortes?

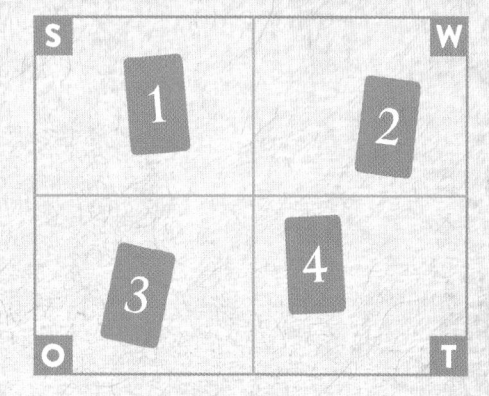

Do mesmo modo, considere o quadrado dos seus Pontos Fracos. O que você ainda precisa desenvolver? Em que aspectos esses pontos fracos podem representar ameaças em potencial? Existem melhorias que você possa fazer para evitar possíveis perigos? As cartas da categoria Ameaças são coisas que você pode superar se desenvolver esses pontos fracos?

Procure enxergar todas as conexões entre os quadrados dessa tabela. A eliminação de alguns dos seus pontos fracos lhe proporcionaria mais oportunidades? Seus pontos fortes poderiam ser aproveitados para ajudar a mitigar as ameaças?

Ao avaliar cada quadrado e sua conexão com os outros três, procure fazer interligações entre eles para delinear um plano claro e acessível. Por exemplo, em vez de dizer aos seus funcionários, "Economizem o dinheiro da empresa trabalhando com mais eficiência", você pode dizer "Compensem os 100 mil em despesas trazendo três novos clientes neste trimestre". Seja mais específica, mais objetiva e mais focada.

Depois de ter objetivos concretos à sua frente, crie um plano de ação por escrito para efetuar uma mudança sólida em seu crescimento profissional.

17
Feitiços com os Arcanos Maiores

Quando se trata de feitiços e rituais relacionados ao crescimento espiritual, à intuição e à autoconsciência, os Arcanos Maiores são um ponto de partida perfeito. Você pode trabalhar com as cartas separadamente, com base em seus significados, para fazer todo tipo de mágica acontecer na sua vida.

Algumas ideias podem incluir a carta do Mago, se você precisar de uma ação decisiva que o ajude a assumir o controle do seu próprio destino. Você pode usar a carta da Morte em feitiços que estimulem um renascimento espiritual ou uma transformação do seu jeito de ser e do modo como se apresenta ao mundo. Use a carta da Força nos seus feitiços para estimular a coragem, a força interior ou a espiritualidade na sua vida. Invoque a carta do Diabo nos feitiços para banir pessoas, hábitos ou atitudes tóxicas ou nocivas.

Experimente um destes feitiços na sua prática de magia com os Arcanos Maiores.

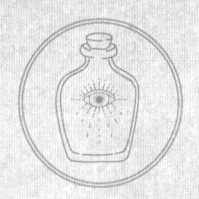

Manifestação Criativa

A Sacerdotisa é uma carta complexa e cheia de mistério e sabedoria. Ela também está associada a personalidades criativas, por isso pode ser uma ótima ideia invocar a energia da Sacerdotisa caso você precise manifestar algum poder criativo. Se você é uma artista com dificuldade para concluir uma pintura, um escritor lutando contra um bloqueio criativo ou qualquer pessoa que se sinta pouco criativa, experimente lançar este feitiço.

Você vai precisar de uma vela amarela – cor associada à positividade e à criatividade –, além da sua carta da Sacerdotisa. Procure fazer esse ritual numa quarta-feira, se possível.

Encontre um lugar tranquilo para se sentar e acender a vela. Segurando a carta da Sacerdotisa na mão, medite fitando a chama da vela. Sinta seu poder, sua energia, sua magia. Reflita sobre todas as maneiras pelas quais você gostaria de estimular sua criatividade e o que deve fazer para transformar suas intenções em realidade. Diga, "*Sacerdotisa, guardiã da sabedoria e do conhecimento, guardiã dos poderes da imaginação, invoco sua energia para me ajudar a me conectar com a criatividade do meu Eu Superior. Abro minha mente para novas ideias. Abro minhas mãos para novas habilidades. Abro meu coração para novos empreendimentos. Sacerdotisa, guie-me para manifestar tudo o que desejo criar*".

Quando terminar, mantenha a vela e a carta perto de onde você faz suas criações e, quando estiver pronta para pintar, escrever ou fazer o que quer que seja, agradeça à Sacerdotisa.

FEITIÇO DO EREMITA

ORIENTAÇÃO

O Eremita nos lembra de que sempre existe sabedoria ao nosso alcance; tudo o que temos a fazer é nos abrir para as oportunidades. Em outras palavras, você não receberá uma mensagem a menos que esteja disposta a ouvi-la. Esta é uma carta de orientação e autoavaliação, e pode ser usada quando você precisa de orientação em seu processo de tomada de decisões.

Além da carta do Eremita, você vai precisar de um pêndulo. Se não tiver um, você pode fazer um simples, prendendo um anel, chave ou qualquer outro objeto pesado a uma corrente ou barbante. Você também vai precisar de duas folhas de papel branco e uma caneta.

Coloque a carta do Eremita à sua frente, sobre seu local de trabalho ou altar. Descreva cada uma das duas opções que você tem numa folha de papel. Segure o pêndulo com a mão dominante sobre os papéis e sinta a energia fluindo pelas pontas dos seus dedos para a corrente ou barbante.

Feche os olhos e diga: *"Sabedoria, orientação, conhecimento. Eu os invoco quando faço uma escolha. Que eu seja guiada para o bem maior, me sinta cheia de sabedoria para tomar a decisão correta e abençoada com o conhecimento de que fiz a coisa certa"*.

Abra os olhos, segure o pêndulo sobre um dos papéis e observe se ele balança. Mova-o para que fique suspenso acima do outro papel. Qual das duas opções provocou o maior movimento do pêndulo? Essa é a opção para a qual a energia do Eremita está direcionando você.

Superação de Obstáculos

A Roda da Fortuna está sempre girando, lembrando-nos de que podemos seguir em frente e criar o nosso próprio destino. No entanto, a realidade pode nos impedir de avançar. Às vezes, enfrentamos obstáculos que parecem intransponíveis e ameaçam nos deter.

Para esse feitiço, você vai precisar da sua carta da Roda da Fortuna, um prato de papel, um marca-texto e uma tesoura. Se possível, faça essa magia ao ar livre, ao pôr do sol. Encontre um local tranquilo onde não será incomodada.

Ao redor da borda externa do prato de papel, anote com o marca-textos os obstáculos que a impedem de realizar seus objetivos e sonhos; coisas como raiva, autoimagem ruim, medo etc. Depois de fazer isso, segure a carta da Roda da Fortuna na mão. Visualize a roda girando, sempre em movimento. Agora gire o prato lentamente, vendo-se no centro da Roda, cercada por esses obstáculos. Chegou a hora de eliminá-los e substituí-los.

Com a tesoura, corte as palavras que você escreveu, criando um novo círculo – uma nova roda – sem esses obstáculos. Em seguida, use o marca-textos para escrever ao redor da nova borda, fazendo uma lista das coisas que podem ajudá-la a seguir em frente: coragem, ambição, assertividade, alegria etc. Visualize a sua roda ganhando velocidade ao seu redor, enquanto você supera seus desafios e sai vitoriosa.

Junte as palavras-obstáculos que você recortou, rasgue-as em pedacinhos e enterre-as ou queime-as. Mantenha o restante do prato com as palavras positivas num lugar onde você possa vê-lo sempre que precisar de um lembrete da energia da Roda da Fortuna.

FEITIÇO DA JUSTIÇA

Processos Judiciais

Você está às voltas com um processo judicial? A carta da Justiça simboliza o estado de direito, que representa a justiça e a responsabilidade. Se você vai ter que enfrentar uma audiência, não custa nada tentar um pouco de magia, além de tomar todas as providências mundanas necessárias, como ser pontual e educada com o juiz.

Você vai precisar da carta da Justiça do seu tarô, um saquinho de tecido fechado com cordões e três margaridas amarelas desidratadas. Coloque a carta da Justiça no seu espaço de trabalho e esmigalhe as flores desidratadas sobre ele, espalhando o material vegetal ao redor da carta. À medida que faz isso, diga: *"Justiça venha a meu favor; eu clamo por justiça para ganhar o dia. Que o julgamento seja justo, o resultado ético e que o melhor me aconteça"*.

Coloque as flores desidratadas aos pedaços no saquinho de tecido e feche com os cordões. Quando chegar a hora de ir ao tribunal, guarde o saquinho no bolso para conseguir uma decisão justa e correta, que beneficie ambas as partes.

FEITIÇO DA LUA

Turbine a sua Intuição

A carta da Lua representa muitas coisas: nossos dons psíquicos latentes, mistérios, mensagens ocultas e a nossa percepção, só para citar algumas. Esta é uma ótima carta para você usar em feitiços se quiser turbinar a sua intuição, ter mais clareza e confiar mais nos seus instintos.

Para esse feitiço, você vai precisar da carta da Lua, uma tigela com água e um caderno. Faça essa magia ao ar livre, numa noite de Lua cheia, se possível. Se não puder, experimente realizá-lo na segunda-feira, dia da semana associado à energia lunar.

Segure a carta da Lua com a mão dominante. Olhe para cima, sentindo o poderoso magnetismo da Lua acima de você. Como ela faz você se sentir? Pense na poderosa intuição que todos temos dentro de nós, só esperando para ser explorada.

Olhe para a tigela, certificando-se de posicioná-la de forma que a luz da Lua seja refletida na água. Observe o reflexo, brilhando na superfície, e limpe a mente de assuntos mundanos. Continue observando o reflexo da Lua e observe padrões, formas ou mensagens aparecendo na água. Ao visualizá-los, qual é a primeira coisa que vem à sua cabeça à medida que as imagens vão mudando diante de você? Escreva todas as coisas que você vê e o que acha que elas significam no seu caso. Não se preocupe se os padrões e imagens não pareçam fazer sentido agora.

Quando estiver pronta, despeje a água da tigela no chão. Nos próximos dias, passe algum tempo tentando interpretar o que você viu e o que isso pode significar. Fique atenta para ver se essas coisas que você viu e sentiu ao luar aconteceram de fato ou não.

18
Feitiços com Cartas de Copas

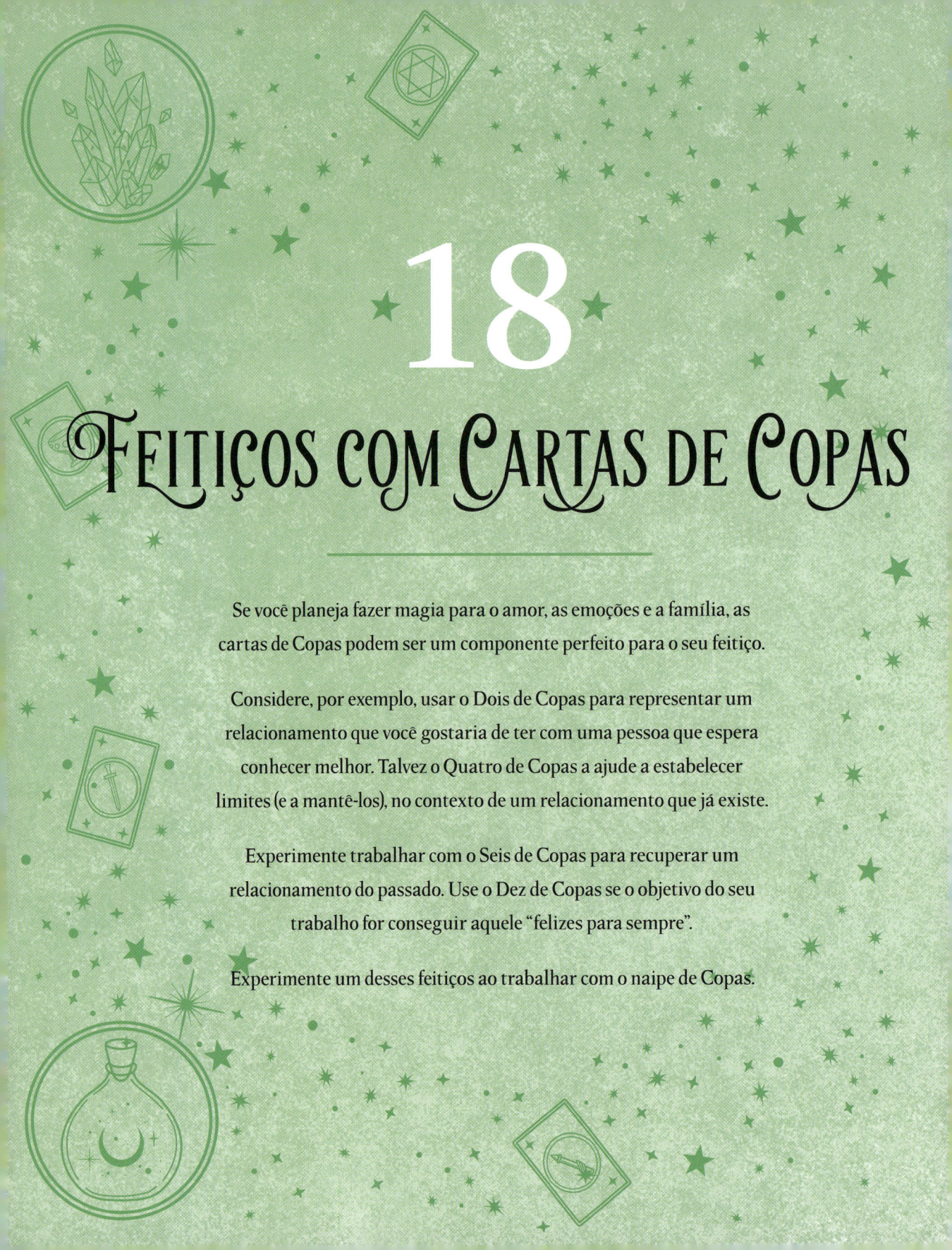

Se você planeja fazer magia para o amor, as emoções e a família, as cartas de Copas podem ser um componente perfeito para o seu feitiço.

Considere, por exemplo, usar o Dois de Copas para representar um relacionamento que você gostaria de ter com uma pessoa que espera conhecer melhor. Talvez o Quatro de Copas a ajude a estabelecer limites (e a mantê-los), no contexto de um relacionamento que já existe.

Experimente trabalhar com o Seis de Copas para recuperar um relacionamento do passado. Use o Dez de Copas se o objetivo do seu trabalho for conseguir aquele "felizes para sempre".

Experimente um desses feitiços ao trabalhar com o naipe de Copas.

FEITIÇO COM CARTAS DE COPAS

Ás: Atração Inicial

Os ases aparecem no início de cada naipe, por isso faz sentido trabalhar com eles em feitiços para incentivar novos começos. O Ás de Copas não é exceção e nos lembra de que, se nos esforçarmos para nos conectar com as outras pessoas, podemos desfrutar de novos relacionamentos ricos e gratificantes.

Para essa magia, você vai precisar de um Ás de Copas, um corte pequeno de tecido vermelho e uma fita vermelha. Você também precisará de manjericão desidratado e folhas de hortelã. Experimente fazer esse feitiço durante a Lua crescente, mas quando ela estiver quase cheia; esse período está associado à atração.

Sente-se confortavelmente, segurando a carta do Ás de Copas na mão, e medite sobre essa carta enquanto visualiza as virtudes que deseja encontrar num parceiro romântico. Você quer alguém que seja um bom ouvinte? Fisicamente afetuoso? Que goste de dar presentes? Que não se preocupe tanto com a aparência física da parceira? Esses são os comportamentos e opiniões que você procura nessa pessoa.

Esmigalhe o manjericão e a hortelã com as pontas dos dedos, de modo que os pedacinhos caiam sobre o tecido. Ao fazer isso, inspire a fragrância das ervas; essas duas plantas estão fortemente associadas ao amor. Diga, *"Eu atraio o amor para mim, fresco e vibrante. Eu atraio a atração para mim, prazerosa e verdadeira"*. Use a fita para amarrar o tecido numa trouxinha, com os pedaços de manjericão e hortelã dentro dele. Carregue essa trouxinha com você ao longo do dia; veja quem você encontra que se encaixa no perfil de pessoa que procura. Quando não estiver perto de outras pessoas, guarde a trouxinha em casa, ao lado da carta do Ás de Copas, num local onde possa vê-la regularmente.

Três: Harmonia em Comunidade

O Três de Copas é uma carta de celebração e alegria verdadeiras. Então por que não trabalhar com ela para propiciar união e harmonia na sua comunidade? Você vai precisar da sua carta do Três de Copas, junto com algo que simbolize sua comunidade como um todo. Pode ser uma bandeira, um cartão de visita, uma joia ou obra de arte; seja criativa e pense no que melhor representa sua comunidade. Por fim, você precisará de uma garrafa ou jarra da sua bebida favorita e três taças – sim, taças de verdade.

Coloque a carta do tarô em seu espaço de trabalho com o símbolo da sua comunidade diante dela. Reserve alguns instantes para refletir sobre a trajetória da sua comunidade e o que você espera que ela alcance no futuro. Aonde você quer que ela chegue? Que medidas devem ser tomadas para unir as pessoas em prol de um objetivo comum?

Despeje um pouco da bebida na primeira taça. Levante-a bem alto, oferecendo um brinde à sua comunidade e diga: "*Eu celebro a todo nós, em todo o nosso prodígio e alegria, e desejo para todos harmonia e união*". Tome um gole da taça. Despeje mais um pouco da sua bebida na segunda taça e faça outro brinde, dizendo, "*Eu celebro a todos nós, em todo o nosso poder e força conjunta, e desejo influência e mudanças positivas*"; agora tome outro gole. Por fim, despeje o que restou da bebida na terceira taça. Erga-a, fazendo um terceiro brinde e dizendo: "*Eu celebro a todos nós, em todas as nossas semelhanças e diferenças, e desejo para nós o poder de unir, de influenciar, de mudar, e de permanecer como uma comunidade unida, deixando uma marca neste mundo*". Tome seu último gole.

Quando terminar, comece a tomar as providências não mágicas necessárias para que haja harmonia e união no seu grupo.

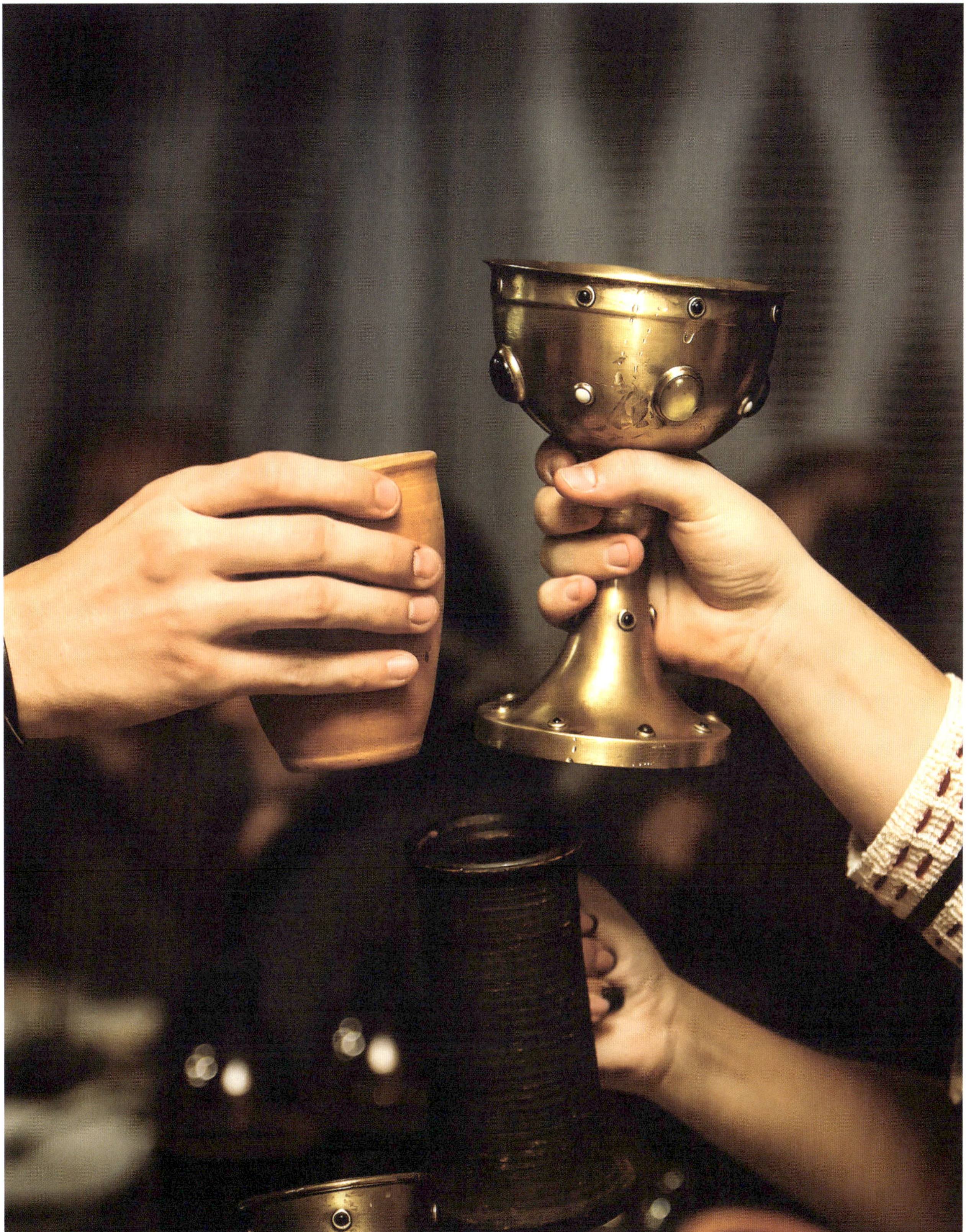

FEITIÇO COM CARTAS DE COPAS

Oito: Amor-próprio

Se você sente que lhe falta amor-próprio, a carta do Oito de Copas pode ajudá-la a se concentrar na sua cura e autocuidado, para que possa seguir em frente, livre do que a mantém estagnada emocionalmente. Quando você prioriza as suas próprias necessidades e seu bem-estar, e se dá o amor que merece, você consegue estabelecer uma conexão mais saudável e feliz com quem você é.

Você vai precisar da carta do Oito de Copas e de uma pedra de quartzo rosa. Faça esse feitiço pela manhã, enquanto se prepara para começar o dia. Comece colocando o Oito de Copas e o quartzo rosa ao lado do espelho do banheiro e depois tome um banho quente, deixando que o espelho fique embaçado com o vapor. Quando terminar de tomar banho, fique na frente do espelho e use o dedo para desenhar um coração no vidro embaçado. Limpe o vapor de dentro do coração desenhado, para que possa ver seu rosto com clareza.

Segure a carta do tarô numa mão e o quartzo na outra e comece a falar consigo mesma no espelho. Veja a pessoa que você realmente é e parabenize-se por todas as suas qualidades. Enumere-as em voz alta, como se estivesse falando com uma amiga. Ao falar, sinta a positividade dessas palavras gentis fluindo para o cristal de quartzo em sua mão. Fale pelo tempo que quiser! Ofereça a si mesma o dom da paciência, da compaixão e do amor.

Quando terminar, vista-se e comece o dia carregando o quartzo rosa no bolso. Deixe a carta do Oito de Copas perto do espelho para que o veja várias vezes ao longo do dia e se lembre de suas palavras de amor por si mesma.

Feitiço com cartas de copas

Rainha: Relacionamento Harmonioso

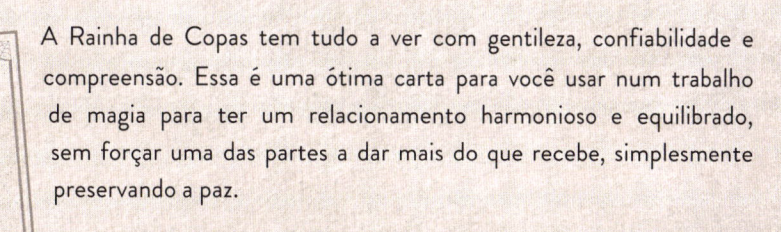

A Rainha de Copas tem tudo a ver com gentileza, confiabilidade e compreensão. Essa é uma ótima carta para você usar num trabalho de magia para ter um relacionamento harmonioso e equilibrado, sem forçar uma das partes a dar mais do que recebe, simplesmente preservando a paz.

Para este feitiço, você vai precisar da sua carta da Rainha de Copas, uma vela azul-clara, um prato à prova de fogo, uma folha de papel e uma caneta. Se possível, faça essa magia numa sexta-feira, dia associado ao amor, à harmonia e à reconciliação.

Coloque a carta da Rainha de Copas em seu espaço de trabalho e inscreva na vela seu próprio nome e o nome da pessoa com quem você se relaciona. Coloque a vela na frente da carta e acenda-a, meditando por alguns instantes enquanto observa a chama. Visualize vocês dois, cada um se comprometendo a compreender mais o parceiro, dentro do relacionamento.

No papel, escreva palavras que descrevam quaisquer áreas problemáticas que você sinta no relacionamento – problemas como má comunicação, ciúme, impaciência. É hora de abandonar esses comportamentos e emoções negativas e superá-los. Queime o papel na chama da vela, e diga: *"Harmonia, equilíbrio e amor saudável substituem todos os maus hábitos que nos prejudicam"*. Jogue o papel em chamas no prato à prova de fogo e deixe-o virar cinzas. Veja seus maus hábitos sendo levados pela fumaça e deixe a chama da harmonia continuar queimando por você e seu parceiro.

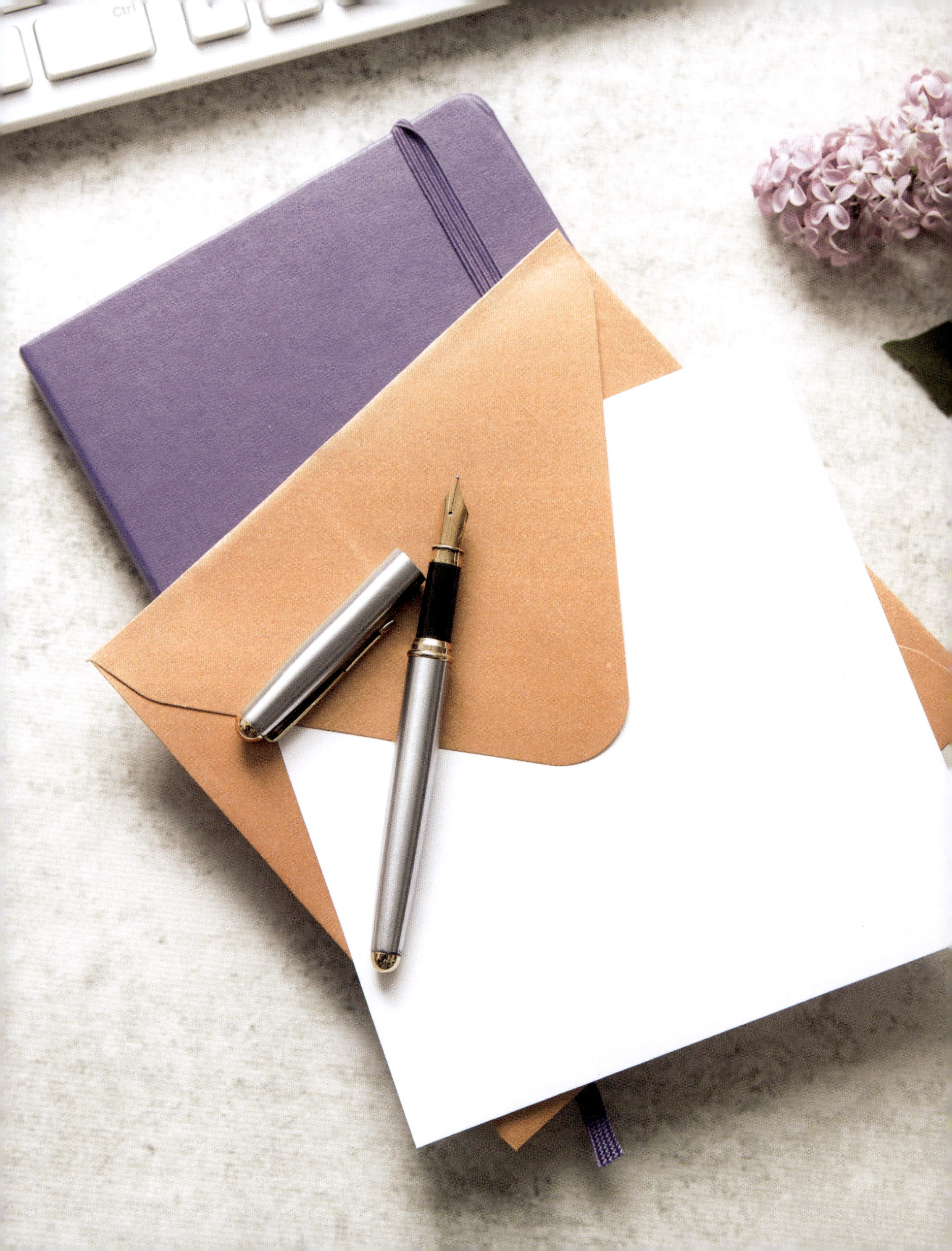
Ctrl

Rei: Encontre a Residência Perfeita

O Rei de Copas está associado à segurança e à estabilidade de uma vida doméstica sólida – o lugar onde sua família vive feliz. Essa pode, portanto, ser uma carta útil para um feitiço projetado para ajudá-la a encontrar a residência perfeita. Lembre-se, isso nem sempre significa uma casa grande e sofisticada; a residência perfeita é simplesmente o lugar onde você e seus entes queridos se sentem seguros e felizes.

Você vai precisar da carta do Rei de Copas, uma folha de papel ou um belo papel de carta, uma caneta e um envelope. Procure fazer esse feitiço num sábado, dia conectado à energia da terra e do lar.

Mantenha a carta do Rei de Copas ao seu lado enquanto pesquisa imóveis (para venda ou aluguel) nos sites das imobiliárias e pense na sua casa ideal. Que valor estaria dentro do seu orçamento? De quantos quartos você precisa? Você quer um quintal para as crianças e o cachorro ou se contenta com uma varanda? Ter escolas por perto é importante para você?

Quando encontrar uma casa que atenda a todos os seus critérios, imprima uma foto dela. Pegue seu papel de carta e escreva uma carta de amor para o seu novo lar. Diga por que você e sua família merecem morar num lugar como esse.

Coloque a carta com a foto da casa dentro do envelope e feche-o. Deixe o envelope ao lado do Rei de Copas, num lugar de honra em sua casa atual, e certifique-se de olhar para ele sempre que passar por ali.

19
Feitiços com Cartas de Espadas

As cartas do naipe de Espadas são, por tradição, associadas a desafios e conflitos, o que pode torná-las ideais para feitiços relacionados a proteção, coragem e confronto.

Se você estiver fazendo magia para destruir alguma coisa, como desfazer uma amarração ou fazer um banimento, as cartas de Espadas são incrivelmente valiosas. Você pode querer invocar um Três de Espadas em feitiços relacionados à dor e à raiva, especialmente se foi vítima de um golpe ou de uma traição.

Trabalhe com o Seis de Espadas para superar traumas e bagagens do passado, ou com o Rei de Espadas para questões nas quais precisa afirmar sua própria autoridade.

Experimente um desses feitiços quando precisar do poder no naipe de Espadas ao seu lado.

FEITIÇO COM CARTAS DE ESPADAS

Dois: Proteja a sua Propriedade

Todos nós queremos nos sentir seguros e saber que nossos pertences estão protegidos daqueles que podem nos causar prejuízos. Se estiver preocupada com vândalos, ladrões ou ameaças de qualquer ordem aos seus bens, invoque a energia defensiva da carta do Dois de Espadas num feitiço de proteção simples.

Além do seu Dois de Espadas, você vai precisar de um item que represente a parte externa da sua propriedade – talvez um pouco de terra do quintal ou uma pedrinha do calçamento da garagem. Você também precisará de uma jarra de vidro transparente, grande o suficiente para conter a carta do tarô.

Coloque a carta na jarra, junto com a terra ou a pedra. Caminhe pelo perímetro da sua propriedade no sentido horário, segurando a jarra de forma que o Dois de Espadas fique voltado para fora, à vista de qualquer invasor em potencial. Ao caminhar pela propriedade, concentre-se na energia protetora da carta, e diga: *"Esta propriedade é minha; aqueles que colocarem os pés aqui sem permissão não são bem-vindos. Esta casa é minha; aqueles que entrarem para me prejudicar não são bem-vindos. Estes pertences são meus; aqueles que os roubarem ou furtarem não são bem-vindos. Que apenas aqueles com boas intenções cruzem este limite"*. Continue repetindo isso até voltar ao ponto de partida.

Coloque a jarra com a terra e a carta do Dois de Espadas perto da porta ou da janela da frente, para evitar qualquer invasão.

Feitiço com cartas de Espadas

Quatro: Aumente sua Força Interior

O Quatro de Espadas serve para nos lembrar de que o cansaço físico e emocional pode nos causar muitos problemas, e é importante reabastecer nossas energias antes que fiquemos completamente extenuadas. Use este trabalho de magia para aumentar sua energia e sua autoconfiança, bem como sua força interior, para enfrentar os desafios que surgirem na sua vida. Lembre-se, se sua falta de energia e fadiga forem decorrentes de um problema de saúde ou psicológico, é importante consultar um profissional de saúde, além de fazer esta magia.

Para este feitiço, você vai precisar da carta do Quatro de Espadas, quatro velas vermelhas e um óleo sem perfume. Também precisará de pimenta-da-jamaica em pó, canela em pó e uma tigela.

Coloque a carta à sua frente e medite sobre seu simbolismo antes de começar. Quando estiver pronta, coloque as velas em seu espaço de trabalho e acenda-as. O vermelho é uma cor de força e poder. Veja a energia poderosa e forte das chamas. Diga, *"Eu sou corajosa, sou valente, sou ousada e resiliente"*. Visualize sua força interior e sua energia física voltando para você, lentamente no início e depois aumentando gradativamente, à medida que a chama da vela cresce e a cera começa a derreter.

Adicione algumas gotas de óleo à tigela e misture a pimenta-da-jamaica e a canela até formar uma mistura espessa. Segure a tigela acima da chama da vela e diga: *"Quatro espadas trazem força; quatro lâminas trazem bravura; quatro chamas trazem fortaleza; quatro velas trazem coragem"*. Mergulhe o dedo na mistura de óleo e use-o para ungir os pulsos e atrás das orelhas. Guarde o resto num recipiente e unte-se sempre que precisar de um estímulo ou uma boa dose de coragem.

FEITIÇO COM CARTAS DE ESPADAS

Sete: Silencie um Mentiroso

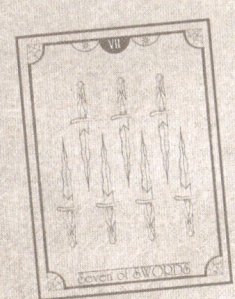

Quer impedir um mentiroso de continuar a mentir? O Sete de Espadas geralmente indica engano, então use esse feitiço quando souber que alguém está falando mentiras sobre você.

Além da carta do Sete de Espadas, você vai precisar de uma vela preta, uma folha de papel, uma caneta e uma tesoura. Se for possível, experimente fazer esse feitiço durante a fase minguante, pois a Lua estará desaparecendo no céu e esse período está associado ao banimento e à magia de destruição.

Coloque a carta do tarô em seu espaço de trabalho e acenda a vela. Concentre-se na chama por um instante e examine a carta. Pense na energia que as mentiras e o engano trazem para sua vida – é hora de bani-la. Escreva no papel, de trás para frente, o nome da pessoa que está mentindo. Se você não tem certeza de quem é, apenas escreva "Mentiroso" ou "Seja quem for que fale mentiras a meu respeito".

Com a tesoura, corte o papel sete vezes, cortando o nome da pessoa. Ao fazer isso, pense no poder do naipe de Espadas. A cada corte, diga, *"Sete espadas, sete fatias, suas mentiras não serão mais contadas. Estou banindo as suas mentiras; eu o silencio; suas palavras agora vão derreter e perder seu efeito"*.

Queime o papel na chama da vela. As palavras do mentiroso não terão mais impacto sobre a sua vida e ele vai parar de falar de você.

FEITIÇO COM CARTAS DE ESPADAS

Oito: Lute Contra Seus Medos

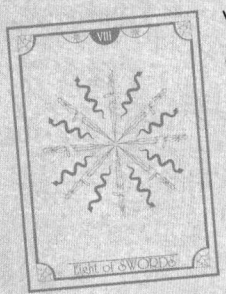

Você já teve tanto medo do fracasso que não conseguiu avançar em direção aos seus objetivos? Todas as coisas que você quer fazer (ou que precisa fazer) acabam caindo no esquecimento porque você fica com medo? Ter medo é uma parte natural da existência humana – a mudança é assustadora –, mas, quando você estiver pronta para finalmente mergulhar de cabeça em alguma coisa, experimente lançar este feitiço para invocar a sua guerreira interior e superar os sentimentos que estão impedindo o seu avanço.

Você vai precisar da carta do Oito de Espadas e de uma faca afiada (ou de uma espada de verdade, se conseguir uma). Se possível, faça este feitiço ao ar livre, em altas horas da noite, quando a lua estiver na fase minguante.

Saia ao ar livre, segurando o Oito na sua mão não dominante. Sinta a energia da carta. Esta é uma carta para subjugar seu inimigo: suas próprias preocupações, medos e crenças negativas. É hora de você se livrar da sua bagagem emocional e parar de ter medo. Pense em todas as coisas que você será capaz de fazer se conseguir superar o medo – este é o seu momento de brilhar na batalha.

Segure a faca ou espada com sua mão dominante e levante-a no ar. Fale suavemente no início, dizendo, *"Eu sou corajosa; eu sou forte; eu não tenho medo"*. Ande pelo seu quintal, com a espada erguida, repetindo esse mantra, num tom de voz cada vez mais alto. Grite a plenos pulmões até acreditar – você é corajosa, é forte e não tem mais medo!

Quando terminar de gritar sua bravura para o universo, é hora de reconhecer que você pode enfrentar qualquer desafio que surgir pela frente. Quando fizer isso, você se sentirá poderosa.

Cavaleiro: Fortaleça a Lealdade

O Cavaleiro de Espadas está ligado à lealdade, à dedicação e a fortes convicções. Se você está preocupada com a possibilidade de uma pessoa da sua vida (um amigo, um membro da família ou um colega de trabalho) estar prestes a traí-la, esse feitiço pode ajudar a fortalecer a lealdade dela no futuro.

Para este trabalho de magia, você vai precisar da carta do Cavaleiro de Espadas, uma vela roxa e uma joia – um anel, pulseira, relógio ou colar – que você possa dar de presente. Você também precisará de um pedaço de fita roxa. Se possível, faça esse feitiço numa quinta-feira, dia que costuma ser associado à confiança.

Inscreva o nome da pessoa na vela e coloque-a ao lado da carta do Cavaleiro de Espadas. Use a fita para amarrar as joias na base da vela (o nó não precisa ser justo ou apertado). Acenda a vela e diga: *"Estamos unidos pela confiança; estamos unidos pela fidelidade; estamos unidos pela honra. Conquistei sua lealdade e continuarei a merecê-la"*.

Deixe a vela acesa. Quando ela queimar até a base, desamarre a fita e dê a joia para a pessoa cuja lealdade você deseja fortalecer.

20
Feitiços com Cartas de Paus

Se você planeja fazer magia relacionada a empregos ou mudanças de carreira, educação ou comunicação, considere a possibilidade de trabalhar com o naipe de Paus. Este é o naipe perfeito para assuntos relacionados à ambição e à conquista, bem como a questões ligadas ao avanço profissional. Associadas aos nossos pensamentos e ideias, as cartas de Paus podem nos ajudar a nos conectar com as coisas que queremos, bem como influenciar a maneira como interagimos com os outros para concretizar nossos objetivos, esperanças e sonhos.

Você pode optar por invocar o Três de Paus para representar o trabalho dedicado e os esforços em grupo. Considere trabalhar com o Sete de Paus se estiver preocupada em ser ofuscada por pessoas que nem sempre seguem as regras. O Dez de Paus pode ser útil em feitiços relacionados à capacidade de delegar tarefas e à liderança. Considere invocar a energia da Rainha de Paus para trabalhos mágicos relacionados à bondade e à compaixão.

Ás: Brilhe Numa Entrevista de Emprego

Você tem uma entrevista de emprego marcada? Parabéns! Além de estar preparada para responder às perguntas, ser pontual e se vestir com profissionalismo, você pode fazer um trabalho de magia para aumentar suas chances de brilhar e conseguir a vaga.

Você vai precisar da carta do Ás de Paus, uma vela laranja e óleo sem perfume, como o de semente de uva, de oliva ou de girassol. Antes de sair para a entrevista, coloque a carta do tarô no seu espaço de trabalho, com a vela ao lado. Acenda a vela e, enquanto observa a chama, visualize-se caminhando com segurança para a entrevista e apertando a mão do entrevistador e de outros membros da equipe dele. Imagine-se parecendo experiente e assertiva, impressionando a todos e dando a eles a certeza de que você é a pessoa certa para o cargo.

Mergulhe o dedo no óleo enquanto estuda as imagens do Ás de Paus. Use o óleo para traçar um símbolo na sua pele que represente a energia da carta. Talvez você queira apenas desenhar uma letra A, ou o número 1, ou algum outro sigilo que seja significativo para você (talvez até o logotipo da empresa). Certifique-se de fazer esse símbolo num lugar onde ninguém note durante a entrevista. Ao desenhar o símbolo na sua pele, visualize-se feliz e satisfeita com seu novo emprego.

Vá para a sua entrevista, sentindo-se confiante e brilhe!

Feitiço com cartas de paus

Dois: Sucesso nos Negócios

O Dois de Paus está associado ao avanço na carreira e nos negócios, particularmente o tipo de emprego ou negócio em que se estabelece uma nova parceria profissional. Você começou recentemente num novo emprego ou conseguiu uma promoção com mais responsabilidade? Você está considerando a possibilidade de voltar a estudar para que tenha mais chance em progredir na sua carreira?

Além da carta do Dois de Paus, você vai precisar de um vaso pequeno e de cor clara, um pouco de terra adubada, um pacote de sementes da sua flor ou erva favorita e um marcador permanente. Faça este trabalho durante a lua crescente, pois a lua está crescendo no céu e esse período é associado à magia de atração.

Coloque o vaso ao lado do seu Dois de Paus e medite sobre a energia da carta. Que imagens ou mensagens vêm à sua mente? Usando o marcador, desenhe no vaso símbolos que você associa ao sucesso. Adicione a terra ao vaso e, em seguida, plante as sementes na terra. Ao fazer isso, diga, *"Eu planto as sementes do sucesso, que vão crescer no meu futuro. Que essas sementes germinem, floresçam e prosperem, assim como a minha carreira"*.

Coloque o vaso num local onde bata sol, acompanhado da carta do Dois de Paus. Regue as sementes regularmente, cuidando delas com carinho e, à medida que elas crescerem e florescerem, sua carreira profissional também se desenvolverá.

Cinco: Limpe a Atmosfera

O Cinco de Paus está profundamente ligado à discórdia e aos desentendimentos. Se você deseja que o conflito termine, isso significa que você terá que se comunicar de forma mais eficaz. Você não só precisa falar, mas também saber ouvir – e pode ser difícil fazer as duas coisas! No entanto, limpar a atmosfera é a única maneira de superar a desarmonia. Se foi você quem errou, reconheça isso.

Para este feitiço, você vai precisar do seu incenso favorito, da carta do Cinco de Paus e de uma pena. Acenda o incenso em seu local de trabalho e coloque-o ao lado da carta do tarô. Feche os olhos e respire fundo algumas vezes. Ao inspirar a fragrância do incenso, visualize a energia da carta. Esta é uma carta de honestidade e autenticidade. É hora de ser verdadeira.

Abra os olhos e abane suavemente a fumaça do incenso com a pena. Observe como ela sobe e se dissipa. Diga, *"Eu cometi erros; eu assumo meus erros; peço perdão se errei. Aceito que os outros cometam erros de julgamento, aceito que os outros possam ter falhas e perdoo esses erros. A atmosfera está limpa e começaremos de novo, prontos para falar, ouvir e compartilhar"*.

Deixe o incenso queimar até o fim e, em seguida, tome as medidas necessárias para superar o desentendimento.

Oito: Liderança

O Oito de Paus é uma carta de movimento rápido e ação ágil e decisiva – e isso faz dela a carta ideal para ser usada em feitiços relacionados à liderança. Como outros Oitos, este reflete padrões contínuos e repetitivos; bons líderes não fazem apenas uma coisa eficaz e encerram o dia. Para ser um líder forte é preciso um plano de ação contínuo, colocado em prática diariamente.

Além do Oito de Paus, você vai precisar de uma caneta e uma folha de papel roxa, pois o roxo é uma cor de poder, associada à liderança e à vontade. Se possível, faça o feitiço num domingo, que, por tradição, está ligado a questões de sucesso e força. Lance-o ao ar livre, perto de uma árvore forte e resistente.

Segure a carta do tarô na mão e analise as energias da carta. Que emoções ela evoca em você? Esta é uma carta associada ao avanço e ao entusiasmo. Você se sente animada com seu papel de liderança? Quando estiver pronta, escreva no papel as características que você associa a um líder; você pode escolher justiça, integridade, sabedoria, paciência. Cubra toda a folha com palavras de liderança e dobre-a três vezes.

Encontre uma toca ou fenda na árvore e coloque o papel dentro dela. Diga, *"Vou me esforçar para ser uma líder que sabe ouvir, orientar com minhas palavras e dar exemplos com minhas atitudes. Ouvirei críticas e me sentirei inspirada a fazer melhor, orientarei os outros a liderar também e serei a líder que todos desejam ver em mim. Eu serei forte; serei resistente; serei confiável"*.

Reserve mais alguns minutos para refletir sobre a energia do Oito de Paus. Verifique se o seu papel está bem escondido dentro da árvore e, em seguida, vá embora sem olhar para trás.

Feitiço com cartas de Paus

Rei: Comunique-se com Confiança

O Rei de Paus representa o verdadeiro líder. Esse é o tipo de pessoa que chegou aonde está porque é autêntica, amigável e inspiradora. Essa é a carta perfeita se você quer influenciar os outros de uma forma realmente positiva. Ao se comunicar com confiança, você será capaz de persuadir as pessoas a ver seu ponto de vista e a trabalhar com você para alcançarem um objetivo comum.

Além da carta Rei de Paus, você vai precisar de uma pedra preciosa associada à comunicação e ao chakra da garganta, como o lápis-lazúli, a turquesa ou a água-marinha. Procure fazer esse feitiço numa quarta-feira, dia associado à confiança e ao discurso influente.

Coloque o Rei de Paus à sua frente e feche os olhos, segurando a pedra preciosa entre as mãos e sentindo sua superfície fria nas palmas. Passe os dedos sobre a pedra – qual é a sensação? Ela é lisa ou áspera? Tem bordas arredondadas ou irregulares?

Segure a pedra diante de você e coloque-a perto da sua garganta e boca. Visualize a energia assertiva e encorajadora do Rei de Paus fluindo através da pedra. Diga, *"Minha voz é forte e segura; minha voz é autêntica e inspiradora; minha voz é confiante e clara"*.

Guarde a pedra no bolso ou em algum outro lugar de fácil acesso. Na hora de falar, passe os dedos pela superfície da pedra preciosa, lembrando-se da confiança que o Rei de Paus inspira.

21
Feitiços com Cartas de Ouros

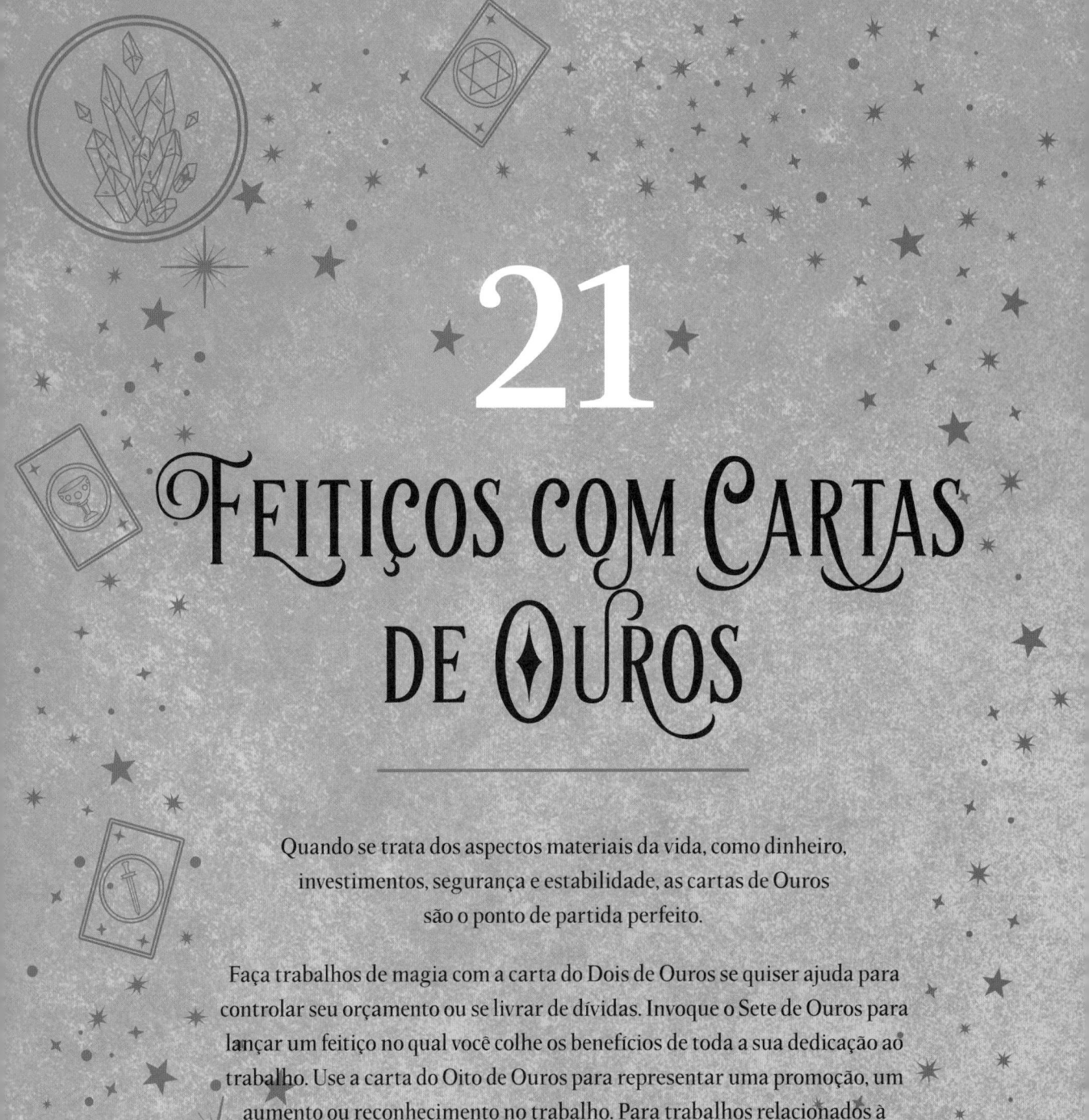

Quando se trata dos aspectos materiais da vida, como dinheiro, investimentos, segurança e estabilidade, as cartas de Ouros são o ponto de partida perfeito.

Faça trabalhos de magia com a carta do Dois de Ouros se quiser ajuda para controlar seu orçamento ou se livrar de dívidas. Invoque o Sete de Ouros para lançar um feitiço no qual você colhe os benefícios de toda a sua dedicação ao trabalho. Use a carta do Oito de Ouros para representar uma promoção, um aumento ou reconhecimento no trabalho. Para trabalhos relacionados à educação (inclusive o pagamento de mensalidades e a obtenção de ajuda financeira), use o Valete de Ouros.

Dê um impulso à sua magia da prosperidade com estes feitiços invocando as cartas do naipe de Ouros.

FEITIÇO COM CARTAS DE OUROS

Ás: Abundância da Conta Bancária

Os ases têm tudo a ver com novos começos e, se você já precisou começar a economizar para uma reserva de emergência, o Ás de Ouros é um componente fantástico para incluir no seu feitiço. Além de seguir diretrizes mundanas, como não gastar demais ou evitar fazer dívidas, comece a juntar suas economias com esta magia simples.

Você vai precisar da carta do Ás de Ouros e de um cheque em branco; se você não tem talão de cheques, não se preocupe; pode desenhar um cheque numa folha de papel ou imprimir um com a sua impressora. Comece preenchendo um cheque para si mesma – quanto dinheiro seria um bom ponto de partida para iniciar sua poupança?

Seja realista; todos nós adoraríamos ter um milhão em nossa conta bancária, mas é improvável que isso aconteça. Cem mil reais seriam suficientes para motivá-la a economizar para o futuro? Que tal 50 mil? Escolha um valor que a inspire e preencha o cheque.

Na linha da data, escreva "O futuro" e, na linha de assinatura, na parte inferior, assine "O Universo". Enrole o cheque em volta da carta do Ás de Ouros e diga: *"Novos começos estão por vir; novos começos trazem abundância; novas economias estão se formando; novas fortunas estão se acumulando"*.

Guarde a carta do Ás embrulhada com o cheque num lugar que você associe ao dinheiro (a sua carteira, a sua bolsa ou até mesmo a mesa onde você se senta para pagar as contas). Esteja atenta às oportunidades, nas próximas semanas, para aumentar seu ganho financeiro.

Três: A Equipe dos Sonhos

O Três de Ouros é uma carta de forte energia colaborativa, portanto, se você era a criança que fazia todo o trabalho em grupo sozinha quando estava na escola, enquanto os outros alunos ganhavam nota às custas do seu esforço, esta carta é para você. Faça magia com o Três de Ouros se quiser fortalecer o vínculo entre um grupo de pessoas que trabalham juntas em prol de um objetivo comum.

Para este feitiço, você vai precisar de uma carta do Três de Ouros, uma vela amarela e óleo de rosas. Você também vai precisar de uma folha de papel e uma caneta. Se possível, lance este feitiço numa sexta-feira, o dia em que tradicionalmente são feitas as alianças.

Coloque a carta do tarô em seu espaço de trabalho e inscreva na vela uma palavra ou imagem que, para você, represente o trabalho em equipe. Você pode gravar na vela uma única palavra, como colaboração ou cooperação, ou pode criar um símbolo próprio. Acenda a vela e, enquanto ela queima, reflita sobre a energia do Três de Ouros. Como você pode incentivar seu grupo a colaborar para obter um resultado positivo compartilhado?

No papel, anote os nomes de cada membro da sua equipe e, em seguida, anote seus pontos fortes e habilidades. Você pode colocar da seguinte maneira: "*Tânia: habilidade com tecnologia. Karen: incrível com processamento de números. E Cristina: criativa na solução de problemas*". Passe um pouco de óleo de rosas em seu dedo e use-o para circular o nome de cada pessoa. Ao fazer isso, fale o nome da pessoa em voz alta e expresse sua gratidão pelas habilidades e talentos da sua equipe: "*Karen, adoro trabalhar com você porque sei que você vai manter nosso foco na tarefa e abaixo do orçamento. Tânia, suas habilidades técnicas são inigualáveis e estou muito feliz por você estar trabalhando neste projeto*".

Depois de circular o nome de todos os membros da sua equipe, continue usando o óleo de rosas para desenhar linhas conectando cada um deles a todas as outras pessoas do grupo. Cada círculo deve ser unido a todos os outros igualmente. Enquanto os conecta, diga: "*Trabalhando juntos, unidos, colaborando juntos, tudo pelo bem comum*".

Quando todos os nomes estiverem unidos, dobre o papel três vezes, coloque-o sob a vela acesa e deixe-o ali até a vela acabar.

FEITIÇO COM CARTAS DE OUROS

Seis: Gratidão

Quando se trata de generosidade e gratidão, o Seis de Ouros é uma carta perfeita para usarmos na magia. Ela nos lembra de que as doações aos mais carentes são importantes, mas sermos gratos pelas bênçãos da nossa vida tem um valor considerável também.

Para este feitiço, além de ter em mãos o seu Seis de Ouros, você vai precisar de uma vela cor-de-rosa, pois essa é uma cor associada à gratidão. Se for possível, lance este feitiço ao pôr do sol. Antes de começar, prepare a sua refeição favorita e sirva a si mesma uma taça da sua bebida predileta.

Sente-se à mesa de jantar e acenda a vela, colocando o Seis de Ouros diante dela. Comece sua refeição e, ao dar a primeira garfada, reflita sobre as coisas que você aprecia em sua vida. Você pode falar em voz alta, se desejar, *"Estou tão agradecida por ter um corpo saudável! Sou grata por ter uma refeição quente para saborear! Tenho a sorte de ter uma família que me ama!"*, etc.

Cada vez que você tomar um gole da sua bebida, faça um brinde ao Seis de Ouros e diga: *"Muito obrigada!"*. Ao terminar sua refeição e sua bebida, reserve alguns minutos para refletir mais sobre o quanto você é abençoada. Diga: *"Dou as boas-vindas à abundância em minha vida e me abro até para mais coisas pelas quais posso ser grata"*.

Coloque a carta do Seis de Ouros num lugar onde possa se lembrar sempre das bênçãos que você tem na sua vida.

Dez: Prosperidade

O Dez de Ouros é, como os outros Dez, um símbolo de conclusão. Ele celebra nossos sucessos e conquistas em todas as suas formas e é uma carta associada à família e à estabilidade. Esses atributos a tornam bem qualificada para a magia relacionada à prosperidade, à segurança e à abundância a longo prazo.

Para fazer esta magia simples, você vai precisar de um Dez de Ouros, uma vela verde e dez moedas novas e brilhantes. As dez moedas devem ser pares de diferentes valores. Por exemplo, se você estiver usando reais, use duas moedas de cinco centavos, duas moedas de dez centavos, duas moedas de vinte e cinco centavos e duas moedas de cinquenta centavos, bem como duas moedas de um real. Se possível, faça este feitiço numa quinta-feira, que normalmente é auspiciosa para a magia do dinheiro.

Inscreva um símbolo de moeda na vela (use o símbolo do real, se for o caso) e acenda-a, colocando-a ao lado da carta do Dez de Ouros. Cerque a vela e a carta com as moedas, uma de cada vez. Ao colocá-las no lugar, conte-as em voz alta para enumerar suas riquezas da seguinte maneira: "Uma moeda como recompensa suada, duas moedas para a boa fortuna, três moedas para encontrar a sorte, quatro moedas para ter fartura, cinco moedas para ter prosperidade, seis moedas para apreciar as bênçãos, sete moedas para um lar estável, oito moedas para uma família segura, nove moedas para compartilhar alegrias e dez moedas para comemorar o sucesso, com um coração grato e um espírito generoso".

Deixe a vela queimar até o fim. Depois disso, junte as dez moedas e guarde-as num lugar especial, como seu altar, para lembrá-la da abundância que sua vida merece.

Feitiço com cartas de Ouros

Rei: Mentalidade Próspera

Você tem uma mentalidade de prosperidade ou de escassez? Saiba que a mudança da sua perspectiva pode afetar significativamente seu relacionamento com o seu dinheiro. Quando se vê próspera, em vez de ver apenas o que lhe falta, você dá as boas-vindas à prosperidade em sua vida.

Para esta magia, você vai precisar do Rei de Ouros, massinha de modelar e nove grãos de milho, que simbolizam a fartura da colheita.

Coloque o Rei de Ouros em seu espaço de trabalho e reflita sobre a energia dessa carta. Ela é uma carta de riqueza, estabilidade a longo prazo e sólida perspicácia financeira. É esse o tipo de energia que você deseja à sua volta? Comece a moldar a massinha com as mãos, pressionando-a e moldando-a com a ponta dos dedos. Deixe-a no formato de uma tigela pequena. Ao fazer isso, visualize suas mãos atraindo dinheiro, acolhendo-o e moldando-o em abundância e fartura para o futuro. Diga: "*Eu atraio dinheiro; eu atraio riquezas; eu atraio prosperidade. Eu sou abençoada; sou estável; estou segura*".

No fundo da tigela, escreva a forma de um pentagrama (não precisa ser nada sofisticado, apenas uma estrela simples dentro de um círculo. Coloque os grãos de milho na tigela e diga: "*Abundância, crescimento e as bênçãos sempre serão uma constante na minha vida*".

Guarde a tigela num local seguro para lembrá-la de que nada lhe falta, pois você vive uma vida de conforto e prosperidade.

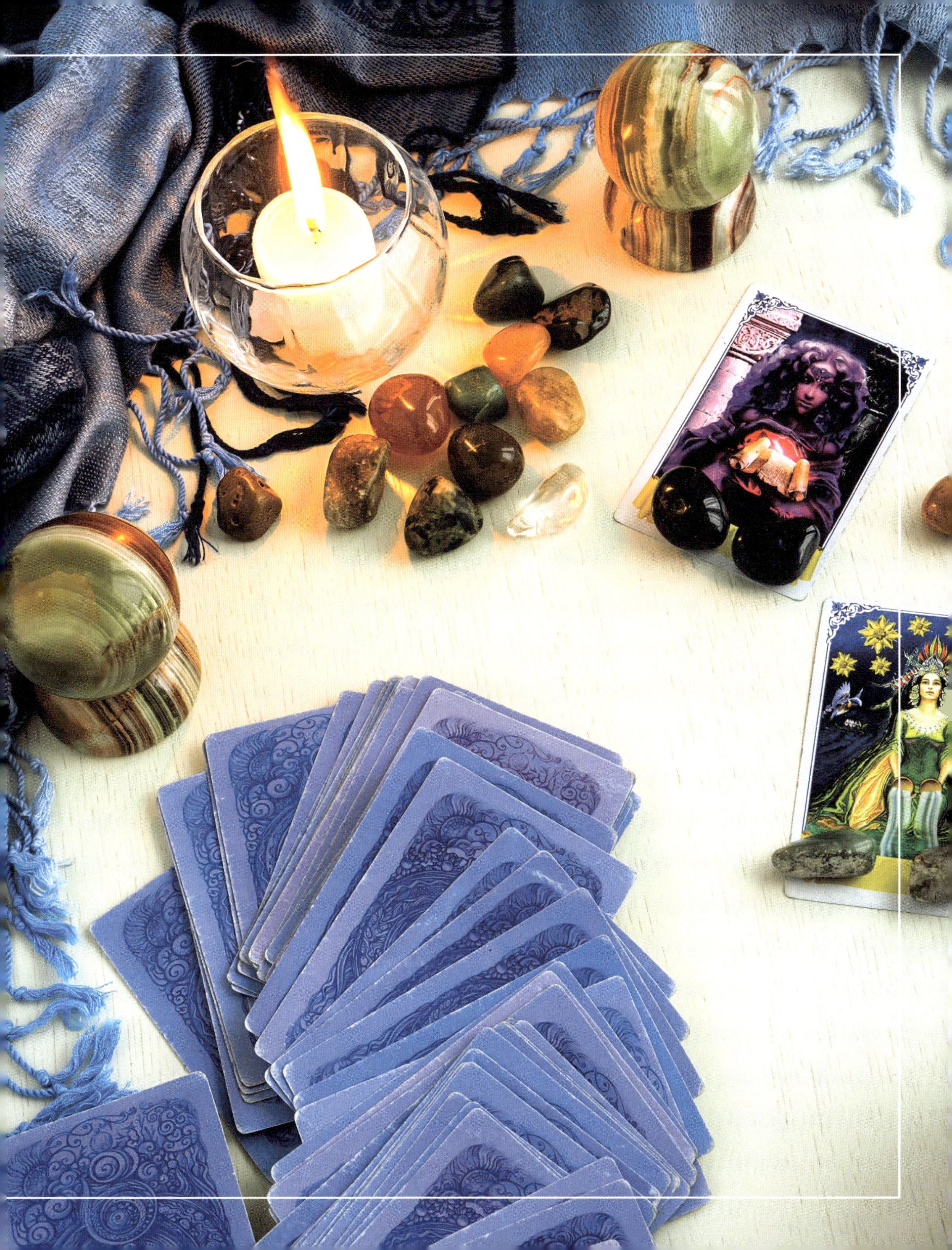

22
Uma Palavra Final

O Tarô — 78 cartas de arquétipos da vida, cheias de mistério e magia, discernimento e inspiração. À medida que você avança na sua jornada por essas cartas, não importa qual baralho tenha escolhido usar, você verá seu mundo cada vez mais rico e fascinante. Você descobrirá segredos sobre si mesma que há muito tempo estão enterrados, descobrirá maneiras de atingir suas metas e seus planos para o futuro e desenvolverá uma compreensão mais ampla e profunda do mundo e do seu lugar nele.

Ao cultivar uma conexão mais forte com as suas cartas, você logo descobrirá que usá-las simplesmente para ver o que o futuro lhe reserva é muito pouco. Estude-as, conheça as suas energias e entenda as complexidades por trás de cada uma dessas pequenas obras de arte, repletas de poder. Entenda sua intuição e o conhecimento que você ganha com ela e, em seguida, transforme essa sabedoria em magia, ritual e feitiços proativos, explorando as energias das cartas.

Mantenha um diário das suas viagens com o tarô. A maneira como você vê as coisas pode mudar com o tempo, e você será capaz de mapear seu desenvolvimento pessoal e crescimento espiritual examinando o que registrou. O tarô não é igual para todo mundo; se fosse, não seria muito chato? Em vez disso, sua aventura com o tarô é exclusivamente sua, personalizada e criada para o indivíduo que você foi no passado, a pessoa que você é agora e aquela que você pode e se tornará no futuro.

Acima de tudo, aproveite a jornada com as suas cartas. Às vezes, você terá que enfrentar verdades incômodas e haverá momentos em que vai odiar as cartas e tudo o que elas têm a lhe dizer. Mas a vida é cheia de desafios e, se tropeçarmos, só seremos capazes de seguir em frente se nos levantarmos. Ouça as suas cartas, aprenda com seus erros e confie em sua própria sabedoria no final do dia.

Depois de aprender a fazer isso, as possibilidades de crescimento, de alegria e de amor são ilimitadas.

Referências e Recursos

Brown, Brené. *Daring Greatly: How the Courage to Be Vulnerable Transforms the Way We Live, Love, Parent, and Lead.* Nova York: Avery, 2015.

Eason, Cassandra. *Tarot (Piatkus Guides).* Londres: Piatkus Books, 1999.

Farley, Helen. *A Cultural History of Tarot: From Entertainment to Esotericism.* Nova York: Bloomsbury Academic, 2009.

Feminae: Medieval Women and Gender Index. "The Popess, from the Visconti-Sforza Tarot." Disponível em: https://archive.ph/UxddM. Acesso em: 3 fev. 2022.

Gray, Eden. *A Complete Guide to the Tarot.* Nova York: Crown Publishers, 1970.

Greer, Mary K. *Mary K. Greer's 21 Ways to Read a Tarot Card.* Woodbury, MN: Llewellyn Publications, 2006.

Jung, Carl. *The Archetypes and the Collective Unconscious.* Princeton, NJ: Princeton University Press, 1981.

Kaplan, Stuart R.; Greer, Mary K.; O'Connor, Elizabeth Foley O'Connor; Parsons, Melinda Boyds. *Pamela Colman Smith: The Untold Story.* Stamford, CT: U. S. Games Systems, 2018.

Kaufman, Angela. *Queen Up! Reclaim Your Crown When Life Knocks You Down: Unleash the Power of Your Inner Tarot Queen.* Newburyport, MA: Conari Press, 2018.

Penco, Carlo. "Dummett and the Game of Tarot." *Teorema: Revista Internacional de Filosofía* 32, nº 1, 2013, p. 141-55. Disponível em: https://www.jstor.org/stable/43046978.

Thomson, Sandra A. *Pictures from the Heart: A Tarot Dictionary.* Nova York: St. Martin's Griffin, 2003.

Weber, Courtney. *Tarot for One: The Art of Reading for Yourself.* Newburyport, MA: Weiser Books, 2016.